Bu Pa
Nereye Çıkar?

Tuğba Coşkuner

cezve
kitap

Bu Patika Nereye Çıkar?

Tuğba Coşkuner

Genel Yayın Yönetmeni: Melih Tuğtağ

Editör: Derya Onar

Mizanpaj: Mevlüt Sami Ertem

Kapak Çizimi: Adem Potaş

Kapak Tasarımı: Sude Zümrüt

Cezve Kitap Yayınları: 31

1. Baskı: İstanbul / Kasım 2020

ISBN: 978-605-2297-87-2

Şenyıldız Yay. Matbaacılık Ltd. Şti.

Sertifika No: 45097

Gümüşsuyu Cad. Işık San. Sit. C Blok No:102

Topkapı/İstanbul

Tel: (0212) 483 47 91

cezve kitap, bir Cezve Yayın Grubu markasıdır.

Orhantepe Mah. İcabet Sk. No.37/1

Dragos / Kartal - İstanbul www.cezve.com.tr

İÇİNDEKİLER

TUĞBA COŞKUNER

Yazar, editör, öğretmen. Yayın dünyâsına küçük yaşta yerel gazetelerde yazarak girdi. Ardından dergilerin ve yayınevlerinin yazar ve yayın kurulu ekiplerinde yer aldı. Yazmak ve okumak Tuğba Coşkuner'in dünyâsından hiç eksilmedi, hatta o dünyâda kendine her gün bir öncekinden daha büyük bir yer edindi. Gazi Üniversitesi Eğitim Fakültesi'nden mezun olduktan sonra edebiyat eğitimi almaya karar verdi. Şu an hem Anadolu Üniversitesi Türk Dili ve Edebiyatı Anabilim Dalı'nda yüksek lisans yapıyor hem birçok yayınevi ve derginin editörlüğünü-yayın danışmanlığını yürütüyor hem de büyük bir iştahla öğrenmeye, okumaya, yazmaya devâm ediyor.

Kitapları

Çocuklar ve Çiçek Mezarlıkları (Yetişkin)
Ormanı Yemek Yasak (Çocuk)
Duvarları Gıdıklanan Okul (Çocuk)
Macera Ekspresi (Çocuk)
Puhu Kuşu Kasabası (Çocuk)
Kayıp Orman Şarkısı (Çocuk)
Pışpış Meraklıbakış (Çocuk)
Yeterince Tembel Misin? (Genç ve Yetişkin)

ÖN SÖZ

Bu kitabı yazmak, benim için kolay olmadı. Hem de hiç kolay olmadı. Kırıntılarına rastladığım hikâyelerin peşine düşmek, arkalarından koşmak, benzer olayları yaşamış kişilerle konuşmak, o konuşmaları yapabilmek için bir sürü kişiyi aracı kılmak ve hiç bilmediğim yerlere seyâhat etmek, kolay kolay bulunmayan kaynakları edinmek, bilmediğim dilleri çözmeye çalışmak, eve perîşan bir hâlde gelmek ve nihâyetinde topladığım her şeyi masama yayıp onları, onlara has bir kurguda bir araya getirmek ve birbirine yoldaş kılmak zor bir serüvendi. İlk başta cesâret edemediğim, yazmayı devâmlı ertelediğim ama bir süre sonra yazmadığım için rahatsızlık hissetmeye başladığım ve yazdıktan sonra da müptelâsı olduğum bir serüven. Sanırım bu, üzerine en uzun süre çalıştığım kitabım. O yüzden diğer kitaplarıma nazaran bambaşka bir tedirginliğin ve heyecanın içine düşmüş bulunmaktayım. Buradaki hikâyeler ve hikâyelerdeki karakterler artık size emânet. Okuduklarınızın hepsi gerçek de olabilir, hiçbiri yaşanmamış da olabilir.

Bu kitap, *Kubbealtı Lugatı* ve İlhan Ayverdi'nin *Misalli Büyük Türkçe Sözlük*'ü esas alınarak yazılıp düzenlenmiştir.

İNSAN ÖLDÜĞÜ YAŞTA KALIRMIŞ

İnsan Öldüğü Yaşta Kalırmış

İstediğim kişinin ilgisini çekebilmek için kitap raflarının arasında abartılı abartılı dolaşıyor, elimdeki ilâç tabletlerini şıkırdatıyor, etrâfında ayaklarımı yerlere vura vura dolanıyordum. İlk birkaç saat hiçbir şey beklediğim gibi gitmedi. Sürem azaldığı için sinirlenmeye başladığımı fark ediyordum. Neyse ki burada duygularınızı bütün çıplaklığıyla dile getirebiliyordunuz. Her zaman nâzik olmanıza gerek yoktu. Sinirliyseniz sinirli gibi, muyluysanız mutlu gibi... Kimse size hislerinizin önemsiz olduğunu îmâ edip nasıl davranmanız gerektiğini söylemiyordu. O yüzden ilgisini çektiğim yanlış kişilerden beni rahat bırakmalarını istedim. Bunu, şu yaşa kadar hiç dememiştim. Ama söyledim ya, burası size duygularınızı açık açık ifâde ettiğiniz için birisinin kızacağı son yerdi.

Bundan birkaç sene önce bir arkadaşım benimkine benzer bir amaçla burada üç gün kaldığında aramıza sanki bu sabah doğmuş biri olarak geri dönmüştü. Cümleleri bile rahimden birkaç dakîka önce kopmuş bir bebek gibi kokuyordu. Ne yaptığını ve işin ne durumda olduğunu sorduğumuzda cevâp vermedi. Hareketlerinde bir vurdumduymazlık, hovardalık, yeni doğmuş olmanın patavatsızlığı vardı. İstediğimiz cevâpları bulamadığını söyledi. Çünkü aramamıştı. Hangi soruları soracağına ve hangi cevâpların bulunacağına kendisinin karar vermek istediğini söyleyip çekip gitti. Bu yer, onu dönüştürmüştü. Geleli çok zaman geçmemişti ama beni de dönüştürüyordu.

Tüm bunları "R" harfiyle başlayan kitapların olduğu rafların altına bağdaş kurup oturarak düşünmüştüm. Sağda solda dönüp durmaktan yorulmuştum. Gelenler çevremden geçiyor, kimse kalkmam gerektiğini îmâ bile etmiyordu. Burada ortalık bir yerde saatlerce ve sessizce düşünebiliyordunuz. Her zaman koşmanıza gerek yoktu. Yavaşlık dünyânın diğer yerlerinin aksine bu binâda tahammül edilebilir bir şeydi. Arada teşvik bile ediliyordu hatta.

Nergis tam ben bunları düşünürken geldi. Onu bile unutmuştum. Buraya neden geldiğimi de neredeyse unutuyordum. Elini uzattı, beni yerde berâber oturduğum düşünce sisinden çekip çıkardı. Masasına dâvet etti, ben de icâbet ettim.

Elindeki sâlepi gösterip sordu. Hayır, dedim. Zâten buradaki herkes onun ikramlarına hayır dermiş. Kırılmazmış, alışmış artık. Haklıymışız, imkânı olsa o da kendini reddedermiş. Ama yapamıyormuş, yoksa kim her gece üç çocuk ölüsüyle birlikte aynı yatağa girmek istermiş. Üstelik o üç çocuk, kendi çocuklarınızsa...

Ama artık bırakmış bu işleri, daha doğrusu bırakmak zorunda kalmış. Her gün sâdece o güne yetecek kadar ilâç getiriyorlar, içtiğinden emin olmadan da yanından gitmiyorlarmış. Yine de kimse ikramlarını yemeye yanaşmıyormuş. Tedbir alıyorlarmış çünkü burada ara sıra hiç de istenmeyen şeyler oluyormuş.

Nergis yaşadığı şeyleri kurgu bir romanın ayrıntılarıymış gibi anlatıp dururken cümlelerini bitirmesini bile beklemeden, "Neden yaptın?" diye sordum. Neden yaptın?

"Annem de eskiden benim gibi yapardı," dedi. "Dünden veya ondan önceki günden kalan yemekleri alır ve bugünün yemekleriyle karıştırırdı. Ben de aynısını yaptım. Her akşam dolabı açar, ilâçları koyduğumuz bölmeye bakardım. Târihi geçmiş ya da geçmeye yakın bir ilâcı seçip akşamın yemeğine, çayına, tatlısına katardım. Ziyan olmasın, derdim. Annem de hep böyle derdi. Annem var ya dâima tarhana kokardı. Bir de soğan. Görmesen bile kokusundan tâkip edip bulurdun onu. O koku bir hayâlet gibi peşinden giderdi."

Masasından kalktım, hikâyesini terden sırılsıklam olmuş titreyen ellerimin arasına aldım ve kapıya doğru gittim. Bıraksam daha anlatacaktı ama ben dayanamayacaktım. Zâten onun da diyalize gitmesi gerekiyordu. Sonuncu kızının doğumuyla başlayan depresyonunu tâkip eden iki yıl boyunca yemeklerle birlikte her öğün ilâç almaktan böbrekleri çalışamaz hâle gelmişti. Yine şanslıydı çocuklarına göre. En azından o, toprağın üstündeydi.

Görevliye, Akıl ve Ruh Hastalıkları Merkezi Ziyaretçi Kartı'nı verip kalbimin bir ucunu Nergis'in masasında bırakıp evime gittim. Ama bu sefer dört kişiydik. Nergis'in çocukları da benimle geliyordu. Kimse o günden beri her nereye gidersem dört kişilik gittiğimi fark etmedi. Otobüslerde dört kişilik bilet kestirdim, hastânelerde dört kişilik sıra bekledim. Ben Nergis'in ölü bebeklerini hep yanımda taşıdım. Yorulduklarında kucağıma aldım, ağladıklarında pışpışladım, gece yarıları kalkıp onlara mama hazırladım. Aradan yıllar geçti ama hiç büyümediler. İnsanlar öldüğü yaşta kalırmış, Nergis'le bildim.

KALDIRIMLARA DÖKÜLEN HATMİ ÇİÇEKLERİ YA DA MERMİ KOVANLARI

Kaldırımlara Dökülen Hatmi Çiçekleri ya da Mermi Kovanları

– Adın Lily mi?

– Öyle diyorlar.

– Başka ne diyorlar?

– Hiçbir zaman iyi bir kuaför olamayacaksın, diyorlar. İkizinin arkasında bıraktığı o ılık boşluk ve yıllardır tuttuğun yas doğru değil, diyorlar. Kuş üzümü ve deniz tozunu karıştırarak iyi bir esans elde edemezsin, diyorlar. Ölene kadar zenci olarak kalacaksın, diyorlar.

– Bunlara inanıyor musun?

– İkincisi hâriç diğerlerine inanıp inanmadığımı umursamıyorlar.

– Kuş üzümü ve deniz tozu gerçekten güzel kokuyor mu?

– Ayrı ayrı, hayır. Ama birleşince nasıl bir şeye dönüştüğünü tahmin bile edemezsin. Çok garip değil mi? İnsanlar görüntüleri hayâl edebiliyor ama kokuları edemiyor. Bambaşka sûretlerde canavarlar düşleyebilirsin ama kokuları düşleyemezsin. Zihin, şeylerin kokusunu müstakil olarak hatırlayabiliyor ama asla onları karıştıramıyor. O yüzden bir şeyleri birbirine karıştırırken asla nasıl bir koku ortaya çıkacağını önceden bilemezsin.

– Anladım, peki her şey nasıl başladı?

– Bunu anne ve babama sormak lazım. Ben yine de sana şâhit olduğum kısımdan îtibâren anlatayım. Doğduk! Biri siyah biri beyaz olan ikiz çocuklar olarak biz, siyah bir anneden doğduk.

Annem başta kardeşimi reddetmiş, kendisinin çocuğu olmadığını, bir yanlışlık yapıldığını söylemiş. Açıkçası, ben buna kardeşim adına biraz içerledim. Bir insanın beyaz olduğu için dışlandığı nerede görülmüş? Söylediği şeyi de annemin saflığına verdim. Siyah olanı kabullenip beyazı reddetmek ancak aklı yerinde olmayan lohusa bir kadına yakışırdı zâten.

– Annen zamanla kardeşine alıştı mı?

– Alıştı. Başka çâresi olduğunu da zannetmiyorum. Kurduğu tüm teoriler olasılık dışıydı. Hangi beyaz istemediği çocuğunu ya da hangi doktor yeni doğan beyaz bir bebeği bir zenciye emânet ederdi ki? Doğduğum zamanlarda beyazlar istemedikleri şeyleri bile bize vermeye tenezzül etmezlerdi.

– Zor olmuş olmalı.

– Bu hayâtta zor olmayan bir şey bilmiyorum. O yüzden muhtemelen zor olmuştur. Biz hızla büyüdük. Bilirsin çocuklar, sen ocağın altını kapatıp gelene kadar beş santim uzarlar.

İkiz olmamıza rağmen farklı şekillerde büyüdük. O zamanlar beyazların ve siyahların hakları aynı değildi. Ben onunla aynı okula gidemiyordum. Onunla aynı restoranda yemek yiyemiyordum. Kardeşim kaldırımın üzerinden yürüyebilirken ben ancak pis suların aktığı yağmur suyu kanalından eşlik edebiliyordum ona. Böylece zâten benden uzun olan boyu daha da uzun gözüküyordu. Aynı otobüse binemiyor, binsek de o oturarak gidebiliyor, ben yanında ayakta dikiliyordum. Meselâ, îdam edilmemizi gerektiren bir cezâya çarptırılsaydık ölmeden ya da yakışıklı bir erkeğe âşık olup kilisede hayâtlarımızı birleştirmeden önce farklı İncillere el basmamız istenecekti. Onun eli benim elimi bastığım bir İncil ile asla kirlenmemeliydi. Oysa her pazar aynı odanın ortasında, aynı leğenin üzerinde birbirimizin sırtını keseliyorduk.

– Onu kıskanmıyor muydun?

– Hayır, hatta onun için üzülüyordum. Çünkü benim gibi bir siyahla arkadaşlık yaptığını zannettikleri için beyazların gittiği okuldaki beyaz arkadaşları onu sürekli tartaklıyordu. Benimse kendi okulumda ayrı bir havam oluyordu. Bizi el ele tutuşurken görenler üç gün şaşkınlıktan ağızlarını kapatamıyordu.

– İkiz olduğunuzu söylemediniz mi?

– Söyledik ama buna bizi doğuran annem bile inanamıyordu ki diğerleri inansın.

– Küçükken çizdiğin resimlerde o hep senden daha iri, sense ufacıksın.

– Aşağılık duygusundan olsa gerek. Herkes bizi öyle aşağı görüyordu ki insan boy atmaya bile utanıyordu. Kötü sözler söylenen sarmaşıkların hiç uzayamadığını, hep aynı uzunlukta kaldığını duymuş muydun? Bu da böyle bir şey galiba.

Bir de o, bizden farklı şeyleri yiyebiliyordu. Bâzen okuldaki öğle yemeğinden benim için çilek ya da muz çalardı. Onları çürütene kadar kalem kutumda gezdirir, gösterebildiğim herkese gösterir, çöpe atma kıvamına gelmeden hemen önce de yerdim. Ama bu iyiliğini asla karşılıksız bırakmazdım. Ben de ona koleksiyonumun en güzel parçalarından birini hediye ederdim.

– Ne koleksiyonu?

– Okula giderken yollardan topladığım mermi kovanları koleksiyonum. O zamanlar beyazların bizim canımıza okuması yetmiyormuş gibi bir de biz kendi aramızda çetelere ayrılıp her gün birbirimizi öldürüyorduk. Tabii çoğunu ilk atışta vuramıyorduk. Boş kovanlar sokaklara, baharda kaldırımlara düşen hatmi çiçekleri gibi düşüyordu. Mermi kovanlarını ona, bulduğum gibi vermezdim. Yıkar, sirkeyle güzelce parlatır, boyar, öyle verirdim. Bâzıları taş boyardı, biz mermi kovanlarını...

– Siz tüm bunları yaşarken anne ve baban neler yapıyordu?

– Savaş vardı. Mahalle aralarındaki çetelerden bahsetmiyorum. Koskoca ülkelerin birbirinin kökünü kurutmaya çalıştıkları büyük bir savaş... Karşı tarafın askerlerini eteklerimize yapışmış pıtrak otları gibi temizliyorduk. Ya da onlar bizi temizliyordu. Ölenlerin isimleri her gün gazetelerde veriliyordu. Bâzı günler gazetede başka habere yer bırakmayacak kadar çok ölü ismi olurdu. Amcam ve dayım askerdeydi. Uyanır uyanmaz meydana koşar, üç gazete alırdık.

– Neden üç gazete?

– Tek bir gazete alsaydık tek bir kişi biz okula ya da işe gidene kadar listeyi incelemeyi bitiremezdi. Tüm gün listenin devâmında bir yakınının olup olmadığını düşünmek istemezsin. Binlerce isimden oluşan listelerden bahsediyorum. Birkaç maddelik bir alışveriş listesinden değil. Annem ayrı, babam ayrı, ben ve ikizim ayrı bir şekilde gazetenin başına oturur, her birimiz farklı bir yerden başlayarak amcamın ya da dayımın ismini aramaya koyulurduk.

– İkisinden birinin ismine hiç rastladınız mı?

– Hayır, hiç rastlamadık. Annem isimlerini bulamadığımız gazeteleri asla atmaz, bir köşede biriktirirdi. O gazeteler onun umut dağıydı. O güne kadar ölüm listelerinde isimleri yazmadıysa iyiye işâretti. Demek ki çok dayanıklılardı.

– Gerçekten dayanıklılar mıydı?

– Ne kadar düşünsem de cevâbını bulamadığım bir soru bu. İkisi de savaş nevrozu geçirdiği için hastânede yatıyordu. Savaştan sağ çıkabildikleri için dayanıklı sayılabilirlerdi. Ama savaştan sağ çıkabilmelerinin sebebi akıl sağlıklarını kaybedecek kadar dayanıksız olmalarıydı.

– Peki senin ve kardeşinin en sevdiğiniz yemekler neydi?

– Ben bulduğum her şeyi yerdim. O, şeker kamışı şurubunu çok severdi. Yiyeceğin şeyleri seçme hakkın varsa bunlar en sevdiğin ya da en sevmediğin şeyler olur.

– Hanginiz daha başarılıydı?

– Bilmiyorum, ona notlarını hiç sormadım. Her akşam mutfak masasına yaydığımız ödevlerimizi Öklid'e, Pisagor'a ya da Mendel'e söverek yapardık. Ödev saatleri küçüklüğümün en güzel anılarını oluştururdu. Hangimiz daha kabaca söveceğiz diye yarışa tutuşurduk. Gece yarısına kadar defterin başında oturur, ödevlerin çeyreğini bile bitirmeden karnımız ağrıyana kadar güldüğümüzden hâlsiz düşer, nihâyetinde de yatmaya giderdik. Yatağa yatınca kedilerin tavşanlarla akrabâ ve benim okul müdürümün uzaylı olduğu konusunda iddialaşır, dünyâyı dev bir lolipop şeklinde düşler ya da aynı okula gidebileceğimiz günler gibi saçma sapan şeyler hakkında konuşurduk. Ama bir gün, aynı okula gitme ihtimâlîmiz saçma sapan gelmemeye başladı.

– Kafanızın içinde bir sürü fikir dolanıyordu.

– Evet, bu yüzden ödevlerimizi bitirmiş gibi yapıp erkenden yatağa giriyorduk. Beni nasıl daha beyaz biri yaparız, neredeyse sabaha kadar bunu düşünüyorduk.

Çaktırmadan insanlardan bir şeyler öğrenmeye çalışıyor, güzellik dergilerinden cilt tonunu açmayla ilgili tüyolar alıyorduk. Altı yedi ay bunun için uğraştık. Pudralardan kremlere, temizlik kimyâsallarından makyaj malzemelerine kadar yardım almadığımız bir şey kalmadı. Ama hiçbiri kalıcı bir çözüm sağlamadı. Foyam en fazla birkaç saat içinde açığa çıkıyordu ve hiçbir siyah çocuk bir beyaz okulunda yakalanmak istemezdi.

– O yüzden diğer ihtimâlî düşünmeye başladınız.

– Kardeşimi siyah yapmayı... Kitaplarda asla okumayacağın, internette asla bulamayacağın şeyleri denedik. Gitgide daha da yorulduk. İkimiz de bıkmıştık. En son aklıma, babamın çalıştığı pastânedeki büyük ekmek fırını geldi. Isınan şeylerin renginin koyulaştığını biliyorduk. Kardeşim fikrin dâhice olduğunu düşündü. Açıkçası ben de öyle düşündüm ama pek belli etmedim. Sonuçta kendi fikrimle övünüp bayağı görünmek istemezdim.

Bir akşam gizlice evden çıktık, hemen birkaç binâ ötedeki pastâneye gittik. Babam sabah erkenden gelip hamuru hazırladığı için anahtarların bir kopyası onda da bulunurdu. İşte o kopyalar artık bizdeydi.

– Hiç korkmadınız mı?

– Çok korktuk. Ama bu fırını çalıştırmamıza ve kardeşimin eşit şekilde kararması için üzerindekileri tamâmen çıkarmamıza engel olmadı. Sonra onu, bir galler ekmeği gibi içeriye sürdüm. Benim rengime gelene kadar içeride beklemesi gerekiyordu. Öyle de oldu. Dört saat boyunca fırında kaldı.

– Kendini nasıl hissettin?

– Birisini öldürdüğüm için katil gibi. Ama kimse katil olduğumu düşünmedi. Onun yerine beni doktora götürdüler. Kardeşimin yasını tutmama bile izin vermediler. Annem, babam, doğduğum hastânenin yönetimi, doğumu yaptıran ebe... Hepsi ellerindeki fotoğraf ve belgelerle bana bir şeyler anlatmaya çalışıyordu. Annemin rahminden tek başıma çıktığımı... Yanımda başka kimsenin olmadığını...

– Beyaz ikizinin senin on üç yıllık hayâlî arkadaşın olduğunu...

NASIL SAĞIR OLMADINIZ BİLMEM

Nasıl Sağır Olmadınız Bilmem

Yağmur damlalarının bâzen yalayıp bâzen tıpır tıpır yürüdüğü sundurmanın altında durdum, hızlıca saatime baktım. Neden, bilmiyorum. Bir yere yetişecek değildim, biri tarafından da beklenmiyordum. Ama alışmışım işte. Zamânı sık sık kontrol etmek ve bir şeyleri kaçırıp kaçırmadığımdan emin olmak istiyordum. Biri kaldırım taşlarına düştükten sonra paçalarımıza yaramaz kediler gibi sıçrayan yağmurlar arasından çıkıp da, "Acelen mi var, nereye gidiyorsun?" dese sus kesilirdim.

Ben de tik hâline gelmiş gibi sürekli bileklerindeki mekanizmayı yoklayan histeriklerden biriydim. Bunu aklımdan geçirdim geçirmesine ama gelin görün ki yeniden saatime baktım. Birkaç saat geride ya da ileride olmasının bir şeyi değiştireceğini sanarak... Meğer öyleymiş. Birkaç saate her şey değişecekmiş, ben değişecekmişim, siz değişecekmişsiniz.

Bu sırada sırtımda bir el hissettim. El değilmiş meğer, arkamdaki ağır motifli, nem, toz ve odun kokan kapıyı ittirip içeri girebileceğimi biraz zaman sonra fark ettim. Kapı eski zaman hollerinden birine açıldı. Hol de dört odaya birden... Buranın çok kısa bir süre önce evden müzeye çevrildiğini anladım. Daha döşemelerden nohutlu ekmek, ribisa mantısı ve uştipak kokusu kalkmamıştı. Her adımımla birlikte yerden buharı üstünde bir sofra yükseliyor, zâten aç olan karnımı boş yere umutlandırıyordu.

Buraya müze demek de doğru olmazdı. Daha çok canı isteyen herkesin girebileceği halka açık bir konak, bir kütüphâne gibiydi. Kimse neden geldiğimi sormadı. Ben de sormasınlar istedim. Zâten etrâfta da pek kimse yoktu.

Tüm odalar boştu, biri hâriç. Ben de gittim, kasnak işleyen bir nenenin doldurduğu odayı biraz daha doldurdum. Nene "Neden geldin" demedi. Ben de bir şey söylemedim. Kaldı ki sorsa izâh bile edemezdim. Ama sorulmayan sorular da sorulan sorular kadar önemlidir. Bunu ancak memleket memleket gezip hikâye toplayan hikâye koleksiyoncuları bilirdi.

Hikâyenin sizi çağırdığını hep böyle anlarda, ortada hiçbir neden yokken, hele de kendinizi elindeki siyah, kahverengi ve sarı ipliklerle gözünün son ferini ve kalbinin son enerjisini kullanarak kasnak işleyen bir nenenin yanında bulduğunuzda anlardınız. Neden son dakîkada Balkanlar'a giden bir trene bilet almanız, rezervasyon yaptırmayı unuttuğunuz için sokak sokak kalacak yer aramanız ve yağmur bastırdığında caddede altına sığınacak sundurmalı tek konağın o olması hep bu yüzdendir.

Hikâye sizi, çok önceden, tâ siz tren garına gitmeden çağırmıştır. Artık bu ninenin ellerinden çıkıp duyulmak, evlerin pencerelerinden sızıp çorbalara karışmak, bambaşka milletlerin ayaklarının eskittiği parke taşlarına değmek, siyah, kahverengi ve sarı saçlara sinmek istiyordur.

Nene bunu biliyordu. Ben de biliyordum. Ama ikimiz de bunları nereden bildiğimizi bilmiyorduk. Nene anlatmak için beni beklemiş, ben de onu dinlemek için İzmir'den gelmiştim. Ben onun hikâyesini anlatacağını biliyordum, o da benim dinleyeceğimi biliyordu. Ama ikimiz de bunları nereden bildiğimizi bilmiyorduk.

Kasnağa sıkıştırdığı kumaş, otuz sene öncenin kumaşıymış. İçine lavanta koyarlar, onu da oda kapılarının arkalarına asarlarmış. Böylece kapı her açılıp kapandığında koku odaya yayılır, oradan da sokağa taşarmış. O sokaktaki herkesin evinin önü başka başka kokarmış. Bâzıları kumaş keselerinde ıhlamur, bâzılarında hanımeli, bâzılarında iğde yaprağı olurmuş. Hatta nar tânelerini kurutup koyan, içine defneler, kabuk tarçınlar, limon otları ve fesleğenler ekleyen bile varmış. Bu koku keseleri, kasabanın biraz ötesindeki bir fabrikada üretilirmiş. Fabrikayı da mahalledeki Lule'nin kocası işletirmiş.

Savaştan, çatışmalardan, avludaki çamaşırlara çöken barut kokusundan sonra yaşadıkları evde nefes alan sâdece nene ve lavanta keseleri kalmış. Lavanta keseleri nefes alır mı, dememeliymişsiniz. O buna inanıyormuş, bu da lavanta keselerinin nefes aldığını söylemesine yetiyormuş.

Nene bir komşusuyla birlikte daha mahalleyi sis gibi saran kan kokusu gitmeden önce torununu, sonra damâdını, en son da iki kızını yıkamış ve onları toprağa, asıllarına uğurlamış. Uğurlamadan önce aklına nereden geldiyse bilinmez, her birinin saçlarından biraz kesmek ve onları lavanta kokan keselerden birine koymak gelmiş.

Aradan yıllar geçmiş, insan her şeye alışıyormuş, nene de alışmış. Hiçbir şey olmamış gibi toprak turfanda yoğurt mayalayıp tereyağı yapmaya, çok eskiden Tosya'ya göçen akrabâlarının gelinlerine mektup yazıp aygut istemeye ve karşılığında onlara ayva murabbâsından palize târifleri göndermeye devâm etmiş. Bu târifler ona göre pek bir kıymetliymiş. Ölmesiyle birlikte yok olacağından şüphelendiği lohusa şerbetlerini, Kur'an öğrenecek çocuklara yapılan âmin alaylarında dağıtılacak şeker târiflerini, öfkeliyi kuzuya çeviren papatyalı çay karışımlarını ve şehitler için kavrulacak güllü, kızılcıklı helvaların nasıl yapılacağını tek tek bir deftere yazmış. Yorulmuş tabii, yorulmaz mıymış insan. Ama bâzen ayna karşısına geçip yeni aldığı eteğe bakıp yansımasına alımlı alımlı bakışlar fırlattığı da oluyormuş. Sonra yaptığından utanıp sudan yemekten kesiliyormuş. Üstündeki kadife etek torununu ve iki kızını yıkadıktan sonra giydiği dördüncü etekmiş. Tam otuz yıldır.

Artık kendisinin de göçeceğini anlayınca her hafta bir odayı toparlamaya, eşyâlarını ayırmaya ve verilecekleri vermeye başlamış. Günlerden bir gün torununun, dâmadının ve iki kızının saçını kesip koyduğu keseyi görmüş. Keseyi almış, kuzinesine küf kokan patatesleri attığı sobanın yanına oturmuş, keseyi makasla kesmiş. Sonra bir güzel ütülemiş ve bezi elindeki son kasnağa germiş. Siyah, kahverengi ve sarı saçları iğnelere geçirmiş ve kasnağa, her birinin saç teliyle onları toprağa koyduğu târihi işlemeye koyulmuş. Siyah ve kahverengi olanlar kalın telliymiş, iğneye hemen giriyormuş ama sarı olan yok mu, ah pek bir nazlıymış. Zâten o renk saçlar torununa âitmiş. Nazlı olduğu tâ doğumundan belliymiş. Kızı onu doğurmak için üç gün uğraşmış.

Kasnak mı? Kasnak artık bitmek üzereymiş. Bâzı saçlar artacak gibiymiş ama merak etmeyeymişim, ziyan olmazmış, onlarla da elbisesinin kopan düğmelerini dikermiş. Şimdi bu kasnağı kime, neden vereceğini hiç bilmiyormuş. En iyisi mi bana hediye etmeliymiş.

Sohbet ettiğimiz, daha doğrusu onun konuşup benim dinlediğim bu monoloğun geçtiği konak, evine çok uzakmış. Tanla çıkmış yola, kendini burada daha önce tanımadığı biri olan beni beklerken bulmuş. Sonra da olanlar olmuş, olanlar oldu.

Kasnağını dizlerime koydu. Kim demiş kof bir kasnak, pörsüyüp eprimiş bu bez ve lavanta kokan birkaç tutam saç hafif olur diye? Ben, o gün bugündür yürüyemedim. Srebrenitsa Katliamı'ndaki dokuz bin kişinin altında ezildim, diz kapaklarım kırıldı ve her bir çıtırtının sesini duydum. Nene de duydu. Şimdi siz de duydunuz ama nasıl sağır olmadınız bilmem.

JOSEF'İN MUSKAT CEVİZLERİ

Josef'in Muskat Cevizleri

Sekiz saattir Josef'in yanındayım. Hemen yanı başında. Hani çölde yüzyıl boyunca başıboş dolaşan ama suyu bulunca birden yeşerip açan bir bitki türü vardır ya... İşte Josef'in hikâyesi de ona benziyor. Kendini açması için üzerinden uzun zaman geçmesi gerekmiş. Gelip birisinin hikâyesine tâlip olması gerekmiş. Anlat Josef, demesi gerekmiş. "Dinleyeceğim."

Josef altı yaşındayken mermer suratlı soğuk bir çocuk muhâfızına emânet edilmiş. Bu emânetlik annesinin annesinden kalan iki elmas küpeye, nişan yüzüğüne, babasının dört aylık maaşına, beylik tabancasına ve daktilosuna mâl olmuş. Yâni, her şeylerine. Ama değer diye düşünmüşler. O zamanlar çocuklarının onlarla birlikte toplama kampına gelmesindense çocuk muhâfızı ile kırsaldaki bir yaşlının yanına yerleştirilmesi âileler için her şeye değer olarak görülüyordu. Ama yanıldılar. Hepsi yanıldı. Aynı Josef'in âilesi gibi.

Çoğu çocuk, muhâfızlar tarafından toplama kampındaki askerlere mutfakta çalışması için satıldı. Yâni birçok çocuk yine o sakınılan yere gitti. Sözünde duran muhâfızlar da oldu elbet, çocukları savaş alanına, en uzak noktalardaki dağ köylerinde yaşayan yaşlı insanların yanına yerleştirdiler. Kimin yanına yerleştirdilerse de kayıt altına aldılar. Bu kayıtları savaş bittikten sonra âilelerine iletmek üzere sakladılar. Ama buradaki çocuklar da toplama kamplarına satılan çocuklardan daha şanslı değildi. İşte Josef, kuzeni Caleb ile birlikte altı yaşlarındayken bu kasabaya getirildi.

Kasaba, savaştan yüz elli yıl önce ibreli bir ormanın orta yerine kurulmuş. Kuruluşunun üzerinden çokça zaman geçmiş ama kasabanın çehresi hiç değişmemiş. Tam değişeceği vakit kimin kazanacağını sâdece devletin önemsediği, insanlarınsa bitsin de nasıl biterse bitsin diye düşündükleri savaş patlak vermiş. Erkekler siperlere, kadınlar da siperlerin hemen arkasında bulunan eşlerinin, çocuklarının, babalarının kopan kol ve bacaklarını dağlayacakları, altlarını temizleyecekleri, bağırsaklarını geri karınlarına sokacakları çadır revirlere gitmiş. Yaşlılar torunlarıyla bu dağ kasabasında, ibreli ormanın içinde bir başına kalakalmışlar.

Aralarında ocağı yakamaz, aşı pişiremez, davarları süremez, uzağı göremez olanlar varmış. O yüzden kasaba kısa sürede çocuk muhâfızlarının uğrak yerlerinden biri hâlini almış. Hangi çocuğu getirirse getirsinler hiç kimse "Hayır" demiyormuş. Josef ve Caleb'e de dememişler. Bu iki çocuk on yedi kişilik bir çocuk kafilesiyle kasabaya gelmiş, bir daha da gitmemiş. Âileleri toplama kampından çıktıktan sonra onları aramamış. Aramış ama bulamamış olabilirler ya da toplama kampından çıkamamışlardır bile. Belki muhâfızları ölmüş, kayıtları kaybetmiş ya da kaydettiği bilgileri âilelerine ulaştırma zahmetinde bulunmaktan vazgeçmiştir. Bu kadar ilgilendiğim yeter, demiştir. Sağ sâlim bir eve soktum ya, demiştir. Paramı aldım, daha ne peşine düşeceğim, demiştir. Bu veletlere çok bile, demiştir. Josef ve Caleb birisinin gelip onları yeniden evlerine götüreceğini ummayı on yedi yaşında bırakmış. Bu umudu berâberce ancak on bir yıl yaşatabilmişler.

– On bir yıl yaşatabilmemiz dahi, şimdi bakıyorum da, mûcize gibi geliyor.

Caleb haklıydı. Burası bunca görkemine, bâkir arâzilerine, küçük küçük sıralı dağların arasından Babil Kulesi gibi yükselen ulu bir dağa kurulmasına rağmen yerleşmeyi düşüneceğiniz son kasabalardan biriydi. Sâkinlerinin bile haritada bulamayacakları, bulsalar bile emin olamayacakları yaban bir yerdi. Zâten bâtıl şeylere meyyal olan halk; gidenlerin dönmemesi, dönenlerin de gittiği gibi dönmemesi sebebiyle iyiden iyiye nevrotikleşip delirmişti. Her biri evinde bir savaş öksüzünü değil de ilkel bir sanrıyı büyütüyordu. Bir umuda tutunup onunla yaşlanmak bu kasaba için sâdece Balzac kitaplarında göreceğiniz bir romantiklikti. O da okuyacak bir Balzac kitabı bulabilirseniz.

Caleb ilk yıllarını şifâ diye kendi idrarını içen ve duvarlara yediği tavukların bacaklarını kurutup asan bir kadının yanında geçirmiş. Neyse ki arada Caleb'in kuru tavuk ayaklarıyla oynamasına izin veriyormuş. Caleb'in bunu tuhaf karşılamak aklına bile gelmemiş çünkü kadın onu eve geldiğinin ikinci gününde bedduâcı olarak komşularına satmaya başlamış.

– Hangisine şaşıracağımı bilemiyordum. Ben de geldiğimin ertesi sabahı şaşırmayı bıraktım. O gün bugündür bu kasabada olan hiçbir şeye şaşırmıyorum. Josef şaşırmaya devâm etti. Şaşırmak isyanını körükledi. Her şey onun için daha da kötü gitmeye başladı. Bir şeylerin yolunda gideceğini ummak aptallıktı. Ve ne yazık ki Josef de öyleydi.

Komşular sevmedikleri biri varsa Caleb'i çağırıyor, çocuğa mürdedil duâlar öğretip ezberletiyor ve cebine birkaç kuruş sıkıştırıp duâyı okuyacağı kişinin yanına gönderiyormuş. Caleb bâzen bir evin sundurmasının altında, bâzen bir ahırın içinde, bâzen bir tarlanın başında kâh zengin bir insana kâh damarlarında kuvvet dolanan deli bir boğaya kâh ekin dolu bir tarlaya sabahtan akşama kadar kendisine ezberletilen bedduâları okuyup duruyormuş. Caleb yaptığı şeyin işe yarayacağına inanmıyormuş ama zamanla bedduâ okuduğu insanlar fakirleşmeye, boğalar kurumaya, ekinler çürümeye başlamış. Bir zaman sonra Caleb'in ünü kasabadan kasabaya yayılmış. Her kim Caleb'i görse ya bedduâ okuması için kirâlamaya peşinden koşuyor ya da acaba bana mı geldi diye gerisin geri kaçıyormuş.

Caleb'in yanında kaldığı kadın öldüğünde Caleb daha sekiz yaşına girmemişti. Bir gün eve geldiğinde kadını yatağında, yorgana sarılmış olarak buldu. Ölü buldu, demiyorum çünkü öldüğünü düşünmedi. Mevsim kıştı ve kadın yorgana sarınıp uykuya dalmadan önceki bir ayda her ama her öğünde normalde yiyebileceğinin beş katını yemişti. Aynı ayıların altı aylık kış uykularına yatmadan yaptıkları gibi. Caleb de o yüzden kadının öldüğünü değil, kış uykusuna yattığını sandı. Bunu ona çocuk muhâfızına emânet edilmeden önce gittiği anaokulundaki öğretmen öğretmişti. Caleb hâlâ bir şeyleri hatırlayabildiğine sevindi. Bu, o ölü kadın sâyesinde bile olsa öyle.

Bir hafta sonra Caleb, Josef'ı kaldığı yere çağırdı, ona bir şey danışmak istedi. Acaba barakayı temizlerken kadının yerini değiştirmesi sorun olur muydu? Şilteyi sâdece azıcık kaydıracaktı. Sonuçta uyanmasını istemezdi. Uyanınca bir daha uykuya dalmasının zor olacağını biliyordu. Evet, bunu da anaokulu öğretmeni öğretmişti.

Josef o gün Caleb'in günlerdir ölü birisiyle aynı barakada uyuduğunu anladı. Caleb'in fark etmemesi normaldi, çünkü o bu kasabadaki hiçbir şeyi anormal bulmuyordu. Hem zâten kadın ölmeden önce de etrâfa domuzlarinkine benzer bir koku salıyordu ve hava soğuktu, vücûdu da çok yavaş çürüyordu. Caleb ve Josef bunu kimseye söylememeye karar verdi. Çünkü kadının Caleb'in okuduğu bir bedduâ sonrasında öldüğü sanılabilirdi. O zaman ne bu barakada kalabilir ne de bir başkası onu evine alırdı.

– Gerçekten okumuştum, dedi Caleb. İşten döner, eve gelip yemek yer, gözlerimi ona diker ve uyuyana kadar kadına o gün bana öğretilen bedduâlardan ilhamla yepyeni bedduâlar okurdum. O da karşıma kurulup çişini içer dururdu.

– Hiç sevmiyor muydun?

– Ben onu ilk zamanlar sevmiştim ama o beni hiçbir zaman sevmedi. Neden evine aldığını da asla anlayamadım. Ölmesinden beş hafta önce ateşim çıkmıştı, ne yiyorsam kusuyordum. Bir şey yemesem de kusuyordum. İçimde canımdan başka kusacak ne kaldı, diyordum ama yine kusuyordum. İşte kadın bir akşam yanıma yaklaştı. Hastalıktan değilse de korkudan öleceğimi sandım. Beni önce iyice inceledi, elindeki bastonla dürtüp sağıma soluma baktı. Nefesimi yokladı, dişlerimi kontrol etti. Dediğine göre her bir diş farklı bir organa bağlıymış ve dişler ne kadar sağlıklıysa organlar da o kadar sağlıklı olurmuş. Benim neredeyse tüm dişlerim çürüktü. Neyse ki hemen hüküm vermedi, ardından birkaç tel saçımı yolup çiğnedi, bir bıçakla kolumu kesip kanıma baktı. Sonra da gidip barakanın bahçesine mezar kazmaya başladı. Hiçbir işi bu kadar gayretli yaptığını görmemiştim. Otuzlu bir adamın çevikliğine sâhipti, bunu da her akşam sidiğini içmesine borçlu olduğunu söylüyordu. Gündüzleri barakanın kapısını bilerek açık bırakır, aralıktan benim için kazdığı mezarı görmemi sağlardı. Görürdüm de. Ama ölmedim, mezara ben değil, o girdi. Ölmeden beş hafta önce mezarını kazıp hazırlayan hiç kimse olmamıştır. Çünkü o benim için mezar kazma zahmetine katlanmıştı ama ben onun için bunu bile yapmazdım. Öleceğini daha önce anlamış olsaydım hâlâ yürüyebiliyorken götürüp uçurumdan aşağıya atardım. Bir de onu taşımakla mı uğraşacaktım? O yüzden kendini şanslı bile sayabilir. Şimdi en azından bir mezarı var.

– Böyle bir kasabada seni ne hayâtta tuttu ki?

– Josef. Josef ölüm meleğinin kokusunu alabiliyordu. Neyse ki bunu kasabalı fark etmemişti. Fark etse kim bilir başını hangi belâlara sokarlardı. Josef hastalandığım ilk gün beni ziyârete geldi, iyileşene kadar da zâten bir daha gelemedi. Muhâfızların teslim ettiği çocukların birbirlerini ziyâret etmelerine izin vermezlerdi. İnsan tanımadığından korkardı. Kasabalı da korkuyordu. Josef işe çıkmadığımı öğrenir öğrenmez bir yolunu bulup evimde bitmişti. Birlikte kaldığım kadın bahçedeki çakal eriklerini toplamaya gittiğinden yalnızdım. 'Koku almıyorum,' demişti. İçim rahatlamıştı. Kadın yanımda olsa Josef koku alırdı ve ölüm meleğinin bana mı yoksa kadına mı geldiğini anlayamazdı. Barakanın içine hepi topu altı yedi insan sığardı. Küçücüktü, birinin kokusu hepimizin kokusuydu. Kadın buralarda dolansaydı hasta yatağında yatan ben olduğumdan Josef burnuna gelen kokuyu benden bilir ve koku aldığı için öleceğime inanırdı. Ben de inanırdım. Ama kadın evde yoktu, Josef, 'Koku almıyorum,' dedi ve ben de, 'Ölmeyeceğim,' dedim.

Caleb'in evindeki kadının öldüğünün anlaşılması uzun sürmedi. Kimse yedi yaşındaki bu çocuğu yanına almadı ama kaldığı evden de çıkarmadı. Yedi yaşındaki Caleb onu çocuk muhâfızına emânet eden otuz sekiz yaşındaki babası kadar yaşlıydı. İkisini yan yana koysanız Caleb daha ihtiyar dururdu. Zâten Josef olmasa birkaç aya ölürdü.

Josef kaldığı evden yemek aşırıp Caleb'e getiriyordu. Bunlar genelde yanına havlıcan ya da fülfülün eşlik ettiği çiğ şeyler olurdu. Çünkü kasabalı gerekmediği sürece ateş yakmanın uğursuzluk getirdiğine inanıyordu ve bu yüzden etleri bile bâzen pişirmeden yiyorlardı. Caleb buna da geldiğinin sabahı alışmıştı. Ama Josef alışmamakta direniyordu. Bu direnç gerçekten ona hiç iyi gelmiyordu. O yüzden boynuna kolye gibi muskat cevizleri asardı. Onun yaklaştığını boynundan aşağıya salınmış ve birbirine vuran muskat cevizlerinin sesinden anlardınız. Muskat cevizlerini kemirmenin stresten daha yedi yaşında kanser belirtileri gösteren mîdesine iyi geldiğini söylerdi.

Caleb herkesin birbiri ile bir şekilde akrabâ olduğu bu yaban yerde kimsenin akrabâsı değildi. Birisi öldüğünde cenâzeye çağrılması en son akla gelen kişiydi. Zâten düğünlere hiç dâvet edilmezdi. Gerçi pek düğün de olmazdı. Kadınlar evlenecek erkek bulamazdı ya neyse. Caleb yokmuş gibi davranılırdı ama o aslında herkesten daha çok oralıydı. Caleb'in geldiği zamanlarda kasabada olan kim varsa ya ölmüştü ya da göçüp gitmişti ama o hâlâ buradaydı.

Caleb bedduâcı olarak tanınmaya başladıktan sonra kasabalı ne olursa Caleb'ten bilmeye başlamıştı.

Kıtlık mı oldu, birisi Caleb'e duâ ettirmiştir. Sel mi bastı, birisi Caleb'e duâ ettirmiştir. Hummâ mı yayıldı, birisi Caleb'e duâ ettirmiştir. Yangın mı çıktı, birisi Caleb'e duâ ettirmiştir.

O yüzden kasabada olup biten her şey Caleb'in üzerine yıkılırdı, kasabalı kabul etmese de Caleb kasabalı için yadsınamayacak bir öneme sâhipti. Çünkü başınıza her ne geliyorsa ve etrâfınızda suçu atacak birileri varsa hiçbir şeyi yeterince kafaya takmaz, bir şeyleri değiştirmenize gerek kalmazdı. Caleb onlar için yaşamı katlanır kılan şeydi. Belki de bu yüzden kimse kabul etmese de kasabadaki en önemli insandı.

Ben bunları dinlerken Josef hiç konuşmuyordu. Ne sohbete katılıyor ne yanı başında olduğumuzun farkında gibi davranıyordu. Caleb'ın attığı onlarca lâfa kayıtsız kalmıştı. Caleb'in gözleri Josef'e takıldığında yutkunuyor, ne anlatacaksa bir taş gibi boğazına diziliyor ama yine de kırmızı yosun çayını soğutmadan içiyor, Josef'in yanında Josef hakkında konuşmaya devâm ediyordu.

Peki Josef'i ne bu hâle getirdi, dedim.

Bekledim ki soruma Josef cevâp versin ama vermedi. Onun yerine beni Caleb cevâpladı.

– Bu kasabanın erkekleri eskiden yılın bâzı zamanlarında ormana kamp kurar, üç ay evlerine, kadınlarına, çocuklarına dönmeden sürekli avlanır ve sonra da ellerinde kürkler, sırtlarında deriler, mekkârelerinde de etlerle geri gelirlermiş. Biz kasabaya geldiğimizde bunu yapabilecek, yâni savaşa çağrılmamış üç dört adam vardı. Üç dört kişiyle de ne kampı gözünüz keserdi ne de avlanabilirdiniz. Zâten avcılar her seferinde avdan eksik dönermiş. Gidenlerin birçoğu kurtlara, ayılara yem olur ya da soğuktan ölürmüş. Onları yola dizilip bekleyen kadınlar ve çocukları evlerine geyikle, rakunla, tilkiyle değil de yasla girermiş. O yüzden anlayacağın üç dört kişi hiçbir işe yaramazdı. Ama olacağı var ya muhâfızın Josef'i yerleştirdiği evin adamı, işte o üç dört kişiden biriydi ve kampa gitmeyi kafasına koymuştu. Savaşa çağrılmadığı için çok öfkeliydi ve hâlâ bir işe yaradığını ava çıkarak kanıtlamak istiyordu. Sanki kimin umurundaysa! Önce arkadaşlarını iknâ etti, sonra da kasabalıdan muhâfızın getirdiği çocukları kamp için ona vermelerini istedi. Kasabalı bu teklifi ikiletmeden kabul etti. Nasılsa bir sonraki ay muhâfız yeniden gelecekti ve ondan yeni çocuklar alabilirlerdi.

Neyse ki benim yanına verildiğim kadın ölmüştü de bu adamın teklifini kabul edemedi. Zâten kabul edebilse de avcılar beni yanlarında götürmezdi. Onları ormanın ortasında daha beyaz kürklü bir tavşan bile avlayamadan sâdece duâ ederek öldürebileceğime inanıyorlardı. Buna ben de inanıyordum.

Aralarında Josef'in de olduğu av kafilesinin yola çıkmasına bir gün kalmıştı ki Josef ölüm meleğinin kokusunu aldığını söyledi. Koku o kadar yakından geliyordu ki ilk önce kaldığı evin adamının öleceğini düşündü. Sonra bu kokunun nereye giderse onunla birlikte geldiğini fark etti. O dakîka ölüm meleğinin bu sefer kendisi için orada olduğunu anladı.

Korktu. Ben de korktum. Her an birisi boğazına yapışıp canını alacakmış gibi ötesini berisini yoklayarak gezmeye başladı. Yanına gelen herkesi uzaklaştırdı. Uzaklaştıramıyorsa eline ne gelirse üzerlerine attı. Yemek yemeyi bıraktı, odasından çıkmaz oldu. Akşamları kayalıklı yamaçtaki keşişler gibi sallana sallana inlemeye başladı. Bunu, yatak odasının penceresinden onu dinlediğim için biliyorum. Gerçi evimden dinlesem de bilirdim. Çünkü iniltileri kasabanın sokaklarında sis gibi dolanıyordu, hiç anlamadığın bir anda odana sızıyordu. Birkaç gün içinde meczuba döndü. Bu kasabadakilerden bile daha kaçık biri oldu. Durmadan burnuna bir şeyler tıkıyor, kokuyu engellemeye çalışıyordu. Ama ne yaparsa yapsın koku gitmedi. Kaldığı evdeki adam Josef'in delirdiğini görünce daha da gecikmek istemedi, onu ava götürmekten vazgeçti. Adam deliliğinin bulaşıcı olduğunu düşünüyordu. Ben de öyle düşünüyordum. Yoksa kasabadaki herkesin ama herkesin aklının olması gereken yerde olmamasını başka nasıl açıklardık? Adam sonunda Josef'i tek başına o kokuyla birlikte o evde bırakıp gitti.

Josef birkaç gün daha o kokuyla yaşadı ve nihâyet ondan kurtuldu. Buna en çok ben sevindim. Yaşasa o da sevinirdi. Onu bir sabah evinin önündeki akçaağaca kendini asmış olarak buldum. Gözlerinde dün geceden kalan dolunay yüzüyordu. Gövdesinin gölgesi çan çiçeklerini kucaklıyordu. Bir ara kirpikleri kıpırdıyor sandım ama sonra bunun kirpikleri arasından süzülen rüzgârın oyunundan başka bir şey olmadığını anladım. Kendini astığı dala tırmandım, ceplerini yokladım. Ceplerinden çıkan bir avuç ay çekirdiğini alıp aşağıya indim, karşısına geçip biraz da onu çekirdek çitlerken izledim. Elimdeki çekirdekler bitmeye yakın, 'Boynundaki muskat cevizlerini unutmayayım,' dedim. Barakamdaki tavuk ayaklarının yanına asarım.

Bu kasabadan giderdim gitmesine ama Josef'in burada benden başka kimsesi yok. E benim de başka bir yerde herhangi bir kimsem yok. Bâzı günler gelir, mezarının yanına oturur, aynı senin gibi Josef'e bir sürü soru sorarım. Ama bozulma, bana da hiç cevâp vermez.

GELİNCİKLİ YAMAÇ

Gelincikli Yamaç

Elleri kan içindeydi. Benim de öyle. Meczup gibi dışarıda dolanan, ısınmak için evlerine giden, çâresizce karların üzerinde oturan herkesin eli gibi. Parmaklarımızın arası pıhtılaşmış, ancak zımparalasanız çıkacak gibi duran kupkuru kanla kaplıydı. Tırnaklarımızın içi bile kandı. Gocuklarımız, ayağımıza ayakkabı diye giydiğimiz hayvan postları, kafamızın üzerindeki yün şapka, boynumuza doladığımız kürk, hepsi...

Aslında koltuğun diğer ucunda ellerindeki kanları kazımaya çalışan tuhaf kadınla tanışmayı hiç istememiştim. Yolumun buraya düşmemesi, tüm bunları görmemem gerekiyordu. Kadın, "Bizim de görmemiz gerekiyordu," dedi. Kalkıp birkaç kez daha demleneceğini düşündüğünden alüminyum folyoya sarıp özenle sakladığı sallama çaylardan birini alıp fincana attı. Hâlâ tadını alabilirsin ve hâlâ suya renk verir, dedi. Burada işler böyleydi. Kış aylarca sürer, yollar ve hatta geçitler kapanır, uzun süre hiçbir yerden hiçbir yiyecek ve yardım gelmezdi. O yüzden bir poşet çayı birden fazla kez demlerler, hatta sonuncu demlemenin ardından çay poşetini iyice emer, çöpe öyle atarlardı.

"Kışın çok insan ölür," dedi. "Ölmemelerini dileriz, ölmemeleri için duâ ederiz ama ölürler. Bizi hiç düşünmeden öylece ölüverirler. Azıcık sabredip birkaç ay sonra ölseler olmaz. Hiçbirini gömemeyiz tabii. Dışarıda birkaç dakîkadan fazla duramayız. Karı yarıp toprağa ulaşmak imkânsızdır. Ulaşsan da toprağı küreklemek tüm orman yardım etse mümkün olmaz. O yüzden ölülerimizi şu karşıdaki kulübede biriktiririz. Havalar ısınıncaya dek hiçbirine bir şey olmaz çünkü bu havada cesetler bozulmaz. Burası dünyânın en iyi morgudur. Bahar gelince karlar erir, biz de hepsini tek tek defnederiz. Bâzen bir ay boyunca tüm köy sâdece ölü gömdüğümüz olur. Zâten sonra yeniden kış gelir."

Bunları okuduğu bir gerilim kitabını özetler gibi anlatıyordu. Mimikleri bile oynamıyordu. Ne dudaklarının kenarı ne kaşlarının köşesi ne kulaklarının ucu! Belki yüz hatları donmuştur, diye düşündüm. "Çoğumuzun yüzü felçlidir," dedi. "Soğuk, senden gülümsemeni bile alır. O yüzden çocuklarımız doğunca yaşamayı başarabilirlerse onları bol bol güldürürüz. Gıdıklarız, oyunlar oynarız, komik şarkılar söyleriz. Gülebilmek için en fazla birkaç yılları vardır."

Bunları söyledikten sonra umarsızca gidip sobaya fındıklar kadar küçük bir avuç kömür attı. Bu kömürleri, bahar geldiğinde demiryolundan topluyorlarmış. Bâzıları ölüleri gömüyor, bâzıları trenlerin arkasında bıraktığı ve düşürdüğü kömür parçalarını toplamak için demiryolu hattına gidiyor, bâzıları da postacıyı karşılıyormuş.

Çayımı içmeden olur da ellerimi silmek istersem diye bir gazete sayfası uzattı. Silerken dikkat etmemi ve sayfayı fazla buruşturmamamı söyledi, o sayfayı daha okumamış. Gazetenin târihi yedi ay öncesini gösteriyordu. Târihi fark ettiğimi görünce kendini savunmak için kükrer gibi, "Onu okumak için daha beş ayım var," dedi.

"Hepimiz bir gazeteye aboneyizdir ama buraya gazeteler yılda bir kez ve toplu olarak gelir. Postacıyı o yüzden karşılarız çünkü adam tek başına hiçbir şeyi buraya kadar getiremez. Herkesin holüne bir anda en az üç yüz altmış beş gazete yığılır. Biz de bir diğer dağıtıma, yâni bir sonraki yıla, kadar bunları yavaş yavaş okuruz. Şu karşıdaki kolu kopmuş cesedin yanında oturan kadını görüyor musun? Geçen yıl gazetede okuduğu bir haber için bağıra bağıra tüm köyü ayağa kaldırdı. Ülkemizin başka bir ülkeye savaş açtığını öğrendik. Kışın ortasındaydık ve ne yapacağımızı bilemiyorduk. Kimse bizi uyarmamıştı, ne yiyecek ne de mühimmat stokumuz vardı. Köyün dışına bir yerlere küçük bir barınak inşâ ettik. Her gün birimiz orada gözcü kaldı. Gözcüler bize düşman gelirse haber verecekti. Gözcü kalanların otuz yedisini, sonraki günün gözcüsü donmuş olarak buldu. Bu iki ay böyle sürdü. Sonra biz gazetenin başka bir sayısında savaşın bittiğini îlân eden bir haber gördük. Biz öğrenene kadar savaş çoktan başlayıp bitmişti çünkü geçen yılın gazetelerini okuyorduk. Anlayacağın bitmiş bir savaşa hazırlanıp durmuştuk, bitmiş bir savaş için şehit vermiştik."

Son cümlesiyle birlikte tilkilere benzeyen sesiyle bir kahkaha kopardı. Az kalsın elimdeki bardağı yere düşürüyordum. Burada çayın ve sıcak bir suyun ne kadar kıymetli olduğunu bildiğimden oturduğum yerde kaskatı kesildim ve ne pahasına olursa olsun elimdekini düşürmemeye ant içtim. Çabuk, dedi. "Daha dışarıdakileri toplayacağız."

Toplayacağız, dediği şeyler kopmuş bacaklar, ısırılmış kollar, yüzülmüş deriler, kemirilmiş kemiklerdi. Bembeyaz karın üzerinde gelincikler gibi duruyorlardı. Hangi parça kimin, belli değildi. Köy halkı, ölülerini parçalanmış uzuvlarından tanımaya çalışıyordu. Nasıl olduysa olmuş, dün gece kıtlığa dayanamayan kör olasıca kurtlar köye inmiş ve köylünün ölülerini koyduğu kulübeyi yağmalamıştı. Kan kokusunu alan diğer kurt sürüleri de gelmiş, birilerinin annesi, çocuğu, karısı olan bu insanları yiyip yiyip sağa sola tükürmüştü. Hepimiz böyle bir sabaha uyanmıştık.

Aynı manzarayı gören herkesin yüzüne, manzarayı görmeyenlerin anlayamayacağı bir işâret yerleşmişti. Biz artık birbirimizi nerede görsek tanıyacaktık. Gizli bir cemiyetin gizli üyeleri gibiydik. Ben korkudan aklımı yitireceğimi sanmıştım. Hâlâ da öyle olduğunu sanıyorum. Bir böcek öksürse yere yığılacağımdan eminim.

Dışarıdan, "Bu elin ilk hangi kelimeyi yazdığını biliyorum," ya da "Bu kulağın ilk hangi ninniyi dinlediğini biliyorum," cümleleri işitiliyordu. Tüm bunlara rağmen kadın ve ben, her gün böyle bir ceset tarlasıyla karşılaşıyormuş gibi, giydiğimiz eldivenler ve ayakkabılar kanı geçirmeyecekmiş gibi hazırlanmaya başladık. Yamaca gidecek, insanların sevdiklerinin parçalarını bir yapbozcasına birleştirmelerine yardımcı olacaktık. Tam evden çıkıyorduk ki beni durdurdu. "Çoraplarını yanlış giymişsin," dedi. "Evet" dedim. "Yanlış giymişim."

BİLMEMELİKLER ÜZERİNE

Bilmemelikler Üzerine

Siyah gözleri yağmur gibi tertemiz olan Meçdibay, kapıdan girip elindeki fotoğrafı kütük masanın üzerine, Aliye Teyze'nin önüne bıraktı. Aliye Teyze iki büklüm beline, neredeyse dizlerine değen omuzlarına ve görene dans ettiğini zannettirecek kadar çok titreyen ellerine rağmen ben geleceğim diye yaptığı gül suyulu ve zencefilli kurâbiyelerin tabağını kenara çekti. İkimizin tam ortasına örümcek ağlarıyla kaplanmış ve yılların tozu içeride bir sis gibi dolanan o terk edilmiş evin terk edilmiş çocuk odasının siyah beyaz fotoğrafını koydu.

Meçdibay'ın marifetiydi bu. Yıllar önce Kırgızistan'dan göçmüş, Aliye Teyze'nin yanında işe girmişti. Ne Meçdibay, "İş var mı?" diye sormuştu ne de Aliye Teyze yardıma ihtiyacı olduğunu söylemişti. Ama bir gün berâber yaşamaya başlamışlardı. Aynı mutfağı paylaştıklarının on dokuzuncu günü Meçdibay Aliye Teyze'yi anne bildi, Aliye Teyze de bozuntuya vermedi. İlk başta evin kapı kollarını, davul fırının dikdörtgen düğmelerini, buhar püskürtmeyi yıllar önce bırakmış buharlı ütüyü, ortadan ikiye ayrılmak üzere olan sandalye ayaklarını, içinde akciğerlere iyi gelsin diye ceviz perdesi kaynattıkları düdüklü çaydanlığı ve atların üzerinden atlayacağım derken kırdıkları bahçe çitlerini tâmir etmiş ama sonra günübirlik, hatta bâzen haftalar süren gezilere çıkmaya başlamıştı.

Meçdibay elinde bir fotoğraf makinesiyle evden ayrılır, yıllardır tırmanılmayan dağ eteklerini tırmanır, yolu arşınlanmayan çiftliklerin yolunu arşınlar, etrâfında dolanılmayan evlerin etrâfında dolanır ve bâzılarının içine girer, çocuk odalarını yıllardır o evde yaşıyormuş gibi şıp diye bulur, onların fotoğraflarını çeker ve gerisin geri Aliye Teyze'ye dönerdi. Eve varmadan önce bir gölde uzun uzun yıkanır, Sovyet Rusya'nın onları zorla Nazi Almanyası'yla savaşmaya gönderdiği sefil ve pis zamanların acısını çıkarırdı.

İşte masada duran bu fotoğraf Meçdibay'ın çektiği o fotoğraflardan biriydi. Çocuk odasının âit olduğu ev kim bilir ne zamandır boştu ki fotoğrafı bile küf, fâre kakası ve güve kokuyordu. Fotoğrafı inceleyip masaya bıraktıktan sonra ellerimi yıkama isteğimi güç belâ bastırmış, huzursuz olduğumu kimseye belli etmemeye çalışmıştım. Aliye Teyze'nin ve Meçdibay'ın yaptığı şey beni rahatsız etse de buraya gelmeyi kendim istemiş, bir hikâye koleksiyoncusu olduğumu kendim söylemiş ve bu sabah için kendimi buraya zorla ben dâvet ettirmiştim. Tamâmen başka bir yere gitmek için adres sorduğum bakkalda, Aliye Teyze ve Meçdibay'dan bahsedildiğini duymuş, bakkaldakilerin söylemine göre köyün bu iki delisini ziyâret etmeye o an karar vermiştim.

Aliye Teyze fotoğrafı önüme sürdü. Dikkatimi komodine çekti. Üzerinde bir bebek çorabı ve yanında bir tür baharat vardı. Gösterdiği şey tuzluğa benziyordu ama içindeki tuz değildi. Karabiber, dedi. "Bu bir karabiber. Bâzı kadınlar bebek çoraplarının içine karabiber serpip onları öyle çocukların ayaklarına giydirirlerdi. Bunun gribe iyi geldiğini, çocuklarını ateşten koruduğunu düşünürlerdi. Muhtemelen bu evin kadınları bu eve ne kadar az doktor girerse o kadar iyi bir kadın olduklarına inanıyorlar ve hatta bununla da övünüyorlardı."

Sonra duvarları işâret etti. Ne bir çivi vardı ne de orada daha önce çerçeve asılı olduğunu gösteren izler...

"Sanki daha önce burada yaşayanlar bu eve herhangi bir hâtıra sinmesin diye özellikle çabalamıştı. Hiçbir panoya oda oda gezip en uygun yeri aramamışlar, bir âile fotoğrafının önünde beyazlayan saçlarını saymamışlar, yataklarda heyecanlı bir sabaha uyanmak için sabırsızlıkla uyumamışlar ve hiçbir çocuk ebeveynlerine başkaldırmak için önemli kitapların önemli sayfalarını kopartıp uçak yaparak pencereden atmamıştı. Çamurlu elleriyle kimse içeri girmemiş, ilk aşkının ismini kimse bir yerlere kazımamıştı. Kimse mutluluktan odasında zıplamamış, öfkeden bir şeyleri fırlatmamıştı. Kimse elinde vişne suyuyla koşarken düşmemiş, kemirdiği kurâbiyelerle yatağının altında saklanmamış, dolap kapaklarına çizdiği resimleri bantlamamıştı. Yıllar sonra bile önceden tertemiz olduğu belli olan duvar ve zeminler bu eve hayâl gücünün ve içinde çocuk olsa bile çocukluğun giremediğinin göstergesiydi. Evdekilere göreyse zaferi. Çünkü onlara göre çocuk ve çocukluk, çocukların bir an önce bitirmesi, yetişkinlerinse kaçması gereken bir şeydi. Hatta ellerinden gelse çocuk yerine otuz yaşında kadın ve erkekler doğurmak isterlerdi."

"Bu evde hiçbir şey dağılmaz, dökülüp saçılmaz. Kimsenin Mantı isminde bir köpeğe, mektup arkadaşına, dökülen süt dişlerini ya da kesilen saçlarını sakladığı bir kutuya ve gazoz kapağı koleksiyonuna sâhip olmasına izin verilmez. Herkes dâima sivrisinekler gibi ayaklarının ucunda usul usul ve sessizce yürümelidir. Bu evde kimse yaşamaz, yaşayamaz, sâdece barınır. Tâlîmat vermeyi konuşmak, ilgilenmek zannederler. Olur da bir gün eve bir ölüm haberi düşerse ya da ölüm meleği bu eve uğrarsa kimse elindeki örgüyü bitirmeden, masadaki bulaşığı yıkamadan, sahanlığı fırçalamadan, bardaktaki kahvesinin son damlasını yudumlamadan, ocağa yemeğe koymadan ve yıllardır tekleyen arabayı tâmir etmeden onu karşılamaz. Ellerinden gelse öleni, 'Ölmenin sırası mı şimdi?' diye paylarlar. Kimsenin herhangi bir şey için gözyaşı döktüğü görülmemiştir. Ana rahminden çıkan çocukların yaşadığını gösteren o ağlamasından bile utanırlar, çocuğu doğurduklarına mahcup olurlar. Kaskatıdırlar, ölüp gömülseler bile mezarlarının başına gitseniz bir şeye homurdandıklarını duyarsınız. Neşeye, evin içine girmesine izin verilmeyen bir haşerat gibi davranırlar. Gülücükleri havada yakalayıp kapıdan dışarıya fırlatır, çatılmış iki kaşlarının arasında ezerler."

Aliye Teyze'nin bir kâhin ya da o evden biriymiş gibi yorumda bulunması ve bunu tâ gözlerimin içine bakarak yapması beni korkutmaya başlamıştı. Bunu görmüş olacak ki, "Bu sonuncusu," diyerek fotoğraftaki bir kuru çalıyı ve turuncu bir boncuğu işâret etti. Bitkiyi tanıdım, ardıç çalısıydı. Ama ne anlama geldiğini ve çocuk odasındaki bu çalıya dâir nasıl bir çıkarım yapacağımı bilmiyordum. Boncuk hakkında da hiçbir fikrim yoktu. Meçdibay gözlerimi okumuş gibi, "Bu çalının mutluluk getireceğine inanılır," dedi. "Boncuk da kehribar kolyenin bir parçasıdır, insanları nazardan korur."

Aliye Teyze fotoğraf okuma işini dokuz yıldır yaptıklarını söyledi. O yüzden Meçdibay'ın gözlerimi okumasına şaşırmadım. Önce Meçdibay'ın çekip getirdiği fotoğraflara dâir tahminlerde bulunuyorlar sonra da tahminleri doğru mu diye evin ve içindekilerin hikâyesini öğrenmeye çalışıyorlardı. Bunu yine Meçdibay araştırıyordu, Aliye Teyze'nin bir yere gidebileceği yoktu. Yaptıkları bu iş onlara göstermişti ki bir evdekiler evdekilere ne kadar sağır oluyorsa o evde o kadar çok ardıç çalısı ve kehribar taşı oluyordu. Evdekiler, evdekilere gelecek zararla kendileri ilgilenmek yerine bunu bitkiye ve taşa bırakıp vicdanlarını rahatlatıyordu.

Aliye Teyze ve Meçdibay'ın anlattıkları doğru mu, bilmem. O evde böyle şeyler yaşandı mı, bilmem. Ardıç çalısı mutluluk getirir mi, bilmem. Getirdiği mutluluk fotoğraftaki âileyi mutlu eder mi, bilmem. Böyle bir âile mutlu olur mu, bilmem. Bir siyah beyaz fotoğraftan bunlar çıkartılır mı, bilmem. Söz verdikleri gibi ben gittikten sonra bu fotoğrafa âit gerçek bilgileri bana postayla gönderirler mi, bilmem. Öğle yemeğine kalsaydım yemekte dedikleri gibi mercanköşklü yahni yiyecek miydik, bilmem. Yeseydik tadını sever miydim, bilmem. Sevseydim ben de buraya Meçdibay gibi yerleşir miydim, bilmem. Fotoğrafları çekmeye berâber gider miydik, bilmem.

Ama onlar bilirdi, biliyordu da. Akşam yemeğine kalsaydım her şey tam da bilmediklerim gibi olacaktı. Muhtemelen onlar o çocuk odasının benim büyüdüğüm çocuk odası olduğunu da biliyorlardı. Bilmedikleri tek şey, onların bunu bildiklerini bildiğimi bilmemeleriydi.

KANLI GÖZ ÇUKURLARINA KONAN ELMA ÇİÇEKLERİ

Kanlı Göz Çukurlarına Konan Elma Çiçekleri

Kendi isteğimle asla gelmeyeceğim, ancak bir uyuşturucu baronu, kumarhâne karteli ya da fuhuş çetesi tarafından kaçırılırsam bulunacağım bir şehirdeyim. Üstelik dilini bilmediğim insanlarla dolu bir mahkeme salonunda.

Hikâye toplamak için sık sık adliyelerde dolandığım, avukatlara yalvardığım, halka açık duruşmalara girdiğim ve ağlayan, bağıran, küfreden ya da diğerlerine saldıran insanları umursamadan notlar aldığım çok olmuştu. Ama bu seferkini bir yıl boyunca bekledim. İptal edilen ya da ertelenen duruşmalara gelmek için aldığım uçak biletlerinin sürekli yanması bile beni bu günü yaşamaktan alıkoyamadı. Birazdan söylenecek şeyleri duyabilmek bana çok şeye mâl oldu, kabul. Tüm izinlerimi bitirdim, müdürümle aramı bozdum, mesleğimi tehlikeye attım. Fakat değecekti, değmeliydi. Sanık sandalyesinde oturan adam, hem bir savaş suçlusu hem de son elli yılın en çok insan öldüren seri katillerinden biriydi. Yâni, en azından birçok kişi böyle biri olduğuna inanıyordu.

Gazeteleri tâkip edenler biraz sonra sanığın neler diyeceğini az çok biliyor. Mahkemenin nasıl bir karar vereceğini de. Ses kayıt cihazımın kayıt düğmesine basıp bekliyorum. Bir yandan da çeviri uygulamasını açıp anlık seslerin kendi dilime tercüme edilmesini izliyorum.

– Araçlarımız çarpıştığında ben silâh taşıyordum, onlarsa kendi siperlerine tıbbî malzeme. Malzeme dediysem öyle ahım şahım şeyler değil. Makaslar, bantlar, dikiş iğneleri... Aralarında ağrı kesicilerin de olduğunu zanneden varsa ahmağın tekidir. Zâten insanların birbirini öldürmesi için başlatılmış bir savaşta onları hayâta döndürecek ciddi malzemelerin olması anlamsız olurdu, değil mi?

Komşu iki ülke arasında çıkan bu savaş otuz iki yıl önce başlamıştı. Kimse niye başladı, bilmiyordu. İnsanlar gazetelerde birbirlerinin aleyhlerine birkaç yazı okumuşlardı o kadar. Gerçi onları kimin yazdığı bile belli değildi. Her nasıl olduysa herkes kendini birden nereden geldiği belli olmayan silâhlarla yüzyıllık komşularını öldürürken bulmuştu. Çok uzun yıllardır barış içinde yaşadıklarından savaşın ne olduğunu bile tam bilmiyorlardı. Yarın sabah falan bitecek ve herkes yeniden dirilecek sanıyorlardı. Şu adama bir bakın! Kimse buna normalde evcil tavşanını bile emânet etmezdi.

– Çarpışma sonucu aracım alev almıştı, kendimi dışarıya zor attım. Yanımdaki arkadaşımın gözleri kapalıydı, bunu göz çukurlarına dolan kandan anladım, rengi annemin yaptığı o yâkut kırmızısı vişne reçeli gibiydi. Annem bu reçeli sâdece pazar kahvaltılarında çıkarırdı ve o zaman da ancak kızarmış ekmeğin üzerine sürerek yememize izin verirdi. Kavanozun içine kaşık daldırmayı insanlık suçu sayardı. Yaşasaydı asıl insanlık suçu neymiş, görecekti. Arkadaşım böyle bir sonu hak etmiyordu, evlenirken karısına inci bir küpe almıştı ve yemek yapmayı bile becerirdi, onu askere çağırmaları gerçekten büyük kabalıktı.

Herkes, sanığın ne zırvaladığını soran bakışlarla ve ağızlarına kadar gelen mîde öz sularıyla derin bir iç geçirdi. Bence sanık bile ne anlattığını bilmiyordu. Çünkü savaş zamânı kimse neyi ve nasıl yaptığını hatırlamaz. Gerçekleri târih kitaplarından ya da mahkeme dosyalarından okursunuz. Aynı, adamın ölen arkadaşının gözlerine birer elma çiçeği koyduğunu hatırlamadığı için anlatmaması ama bunu dosyalardan bilmemiz gibi.

– Kısmen yanmış arabamdaki silâhların bir kısmını kurtarmayı başardım. Sonra aklıma çarptığım askerler geldi. Bizim askerlerimiz değildi. Bana ateş açmadıklarına göre muhtemelen çoktan ölmüşlerdi. Arabalarında ne olduğuna bakmak için brandayı kaldırdığımda bir kamyon ganîmet ele geçirdiğini anladım. Önce üzerimdeki yanık üniformadan kurtulmak için bulduğum bir doktor kıyâfetini giydim. O kıyâfeti ilâçların arasında yatan ölü bir doktorun üzerinden çıkardım. Sonra onu yamaçtan aşağıya yuvarladım. Sonuçta ölü ve hele de çıplak bir adamla yakalanmak istemezdim. Siz de istemezsiniz.

Sanık burada yutkunuyor. O doktor kıyâfetini giymek yerine biraz sonra yanına çarpışmayı duyduğu için gelecek düşman askerleri tarafından oracıkta, yirmi üç yıl önce öldürülmeyi dilediğine eminim.

– Beni kendilerinden sandılar. Sonuçta üzerimde onların doktorlarına âit bir üniforma vardı. Ne yapacağımı bilemedim, korkudan dilim tutuldu.

Onlar da öyle düşünmüştü. Doktorun kazada aldığı darbe sebebiyle konuşmadığına kanaat getirdiler ve karşı tarafın askerinin korkudan kaçtığını düşündüler. Kendi ölülerini arabadan itip orada bıraktılar, doktor sandıkları adamı yanlarına aldılar, diğer araçtaki silâhları tıbbî malzemelerin üzerinde koyup cephelerine döndüler.

– Beni bir sağlık çadırına götürdüler, ne de olsa bir doktordum. Hemşirelerden biri yaralarıma baktı, yüzümü temizledi, yanağımı bile okşamış olabilir. O da kafa travması geçirdiğimi ve konuşamamamın normal olduğunu söyledi. Ama bu yaralıları tedâvi etmeme engel değilmiş, öyle dedi. Üstelik beni daha önce hiç görmemiş ama bunu düşünmenin sırası da değilmiş. Savaş varmış, her gün birisi ölüyor, sonra da merkezden ölmeleri için yeni birileri daha gönderiliyormuş.

Sanık kendini, ameliyathâne olduğuna kargaların bile güleceği bir yerde bulmuş. Yanında makas, sargı bezi, neşter ve pudraya benzer birkaç malzeme ile birlikte.

– Başka çârem yoktu.

Bunu hafif bir tebessümle söylüyor. Ama dudak kenarları yukarı kalkarken gıcırdıyor gibi bir ses çıkarıyor. Sanki yıllardır gülmemiş de yüz kasları paslanmış.

– Ne dediklerini anlamıyordum. Anlamadığımı anlamasınlar diye de konuşamıyor gibi yapıyordum. Malzemelerin üzerinde yazanları okuyamıyor, her birine kafama göre ya da aldığım kokuya göre kendimce isimler uyduruyordum. Ben kendi bacağıma bile yara bandı yapıştıramaz, bunu kardeşimden isterdim. Ama şimdi düşman askerlerini tedâvi etmem bekleniyordu ve bir şeyler yapmazsam dikkat çekecektim.

Bir karar vermesi gerekiyormuş.

– Bir karar vermem gerekiyordu.

Sonuçta Hipokrat Yemîni yokmuş.

– Sonuçta Hipokrat Yemîni'm yoktu.

Hem Hipokrat bile bir savaşta kendi yemînine sâdık kalamazmış.

– Hem Hipokrat bile bir savaşta kendi yemînine sâdık kalamazdı.

Aynı şimdi olduğu gibi yüzündeki bu vahşî neşeyle yaralıları ameliyat etmeye başlamış.

– Tek farkla! Ben onları iyileştirmek istemiyordum. Zâten istesem de iyileştiremezdim. Açık yaralarına bilmediğim ilâçları döküyor, yanlış yerlerini kesiyor, anestezisiz bir şekilde onlara çektirebildiğim tüm acıları çektiriyordum. Sağdan soldan arakladığım mermileri, karnını yarmak zorunda kaldığımız askerlerin içine tıkıyor dikişlerini öyle kapatıyordum. Böylece hepsi, içinde bir savaş için kendilerinden daha değerli olan mühimmatlarla birlikte gömülüp gidiyordu. Bizden çaldıkları silâhlarla bizi öldürmenin cezâsını ödüyorlardı. Kimse bana, gelenlerin tamâmının neden hemencecik orada öldüğünü sormuyordu. Savaştı bu, tabii ki öleceklerdi. Asıl yaşasalardı şaşırırlardı.

İĞDE ÇİÇEĞİ ŞERBETİ

İğde Çiçeği Şerbeti

Evlerin mutfaklarından mahalleye sızan râyihaları tâkip ederek dolanıyor, belki ağızlara bayramlık unutulmaya yüz tutmuş bir târif çıkar diye etrâfı, kapı önünde oturan nenelerin dâvetkâr bakışlarını ve benimle bir şeyler paylaşmaya hevesli geveze birkaç çocuğu kolluyordum. Altı yıl önce de aynı sokaklardan geçmiş, Küsüm Teyze'den torunlarıma yadigâr bırakacağım, torunlarımın da torunlarına yadigâr bırakacağı şişbarak yapmayı öğrenmiştim. Konakladığım yere gidince de üzerime sinen yemek kokuları yüzünden kıyâfetlerimi değiştirmek zorunda kalmıştım. Şimdiyse koku almakta zorlanıyor, alsam da bu kokuyu diğer evlerden çıkan kokulardan bir türlü ayırt edemiyordum. Küsüm

Teyze öleli de zâten üç yıl olmuştu. Cenâzesine bile gelememiştim ama hayrına tüm apartmana şişbarak yapıp dağıtmıştım.

Bu kasaba son birkaç yılda köklü bir değişiklik geçirmişti. Kendi bulgurunu haşlayan, mısırını öğüten, çayını kurutan, eriştesini kesen, ekmeğini mayalayan, yoğurduğunu süzen, güneşte pestilini pişiren, konservesini kuran, reçelini kaynatan kalmamıştı. Market zincirleri kasabaya, masallardaki devler diyarına gökten inen ay yüzlü kuş gözlü bir dilber gibi gelmiş, tüm bunları alıp götürmüştü. Şimdi herkes aynı tada sâhip ve pişirince odaya aynı kokuyu salan şeylerle yemeklerini yapıyordu. Damak tatları bozulmuş, yenilen şeylerin nereden geldiği ve nasıl yapıldığı unutulmuştu.

Artık memleketten de bir şey gönderilmiyordu. Oralara da olan olmuş, yemek kültürümüzün son kalesi de yıkılmıştı. Yaşlılar çocuklarını yedikleri salçanın içine konan domatesi koklamaları gerektiğine iknâ edemiyordu. Kimsenin -elle tutulur bir şey yapmamalarına rağmen- püf noktalarla uğraşacak zamânı kalmamıştı. Bu insanların günleri de artık farklı evlerde pişen yemeklerin tadı gibi birbirinin aynıydı. Geçen zamânın izâhı yapılamaz, zaman üzerine hesap verilemez olmuştu.

Bir koku yakalamanın uğruna saatlerce kaldırımları tıkırdattıktan sonra bir bahçe duvarına oturuverdim. Arkamdan tombul bir el uzandı. Öyle alelâde bir el de değil üstelik, iğde çiçeği şerbeti tutan bir el... "Sofraya da buyurun," dedi bal sesli bir kız. Buyurmazdım ya buyurasım geldi.

Bana iğde çiçeği şerbeti uzatan o el, kapısında ökse otu asılı, köşesindeyse kestâne ağacından örme sepetler bulunan odaya sofrayı da kurdu. Masanın etrâfına beş bardak, beş tabak, beş çatal ve beş kaşık yerleştirdi. Beş tâne de sandalye çekti, beşini de masaya yanaştırdı. Ortaya sarı frezyalar koydu, her birinin başını bir tabağa doğru çevirdi. Sonra tek tek îtinâyla tüm bardakları ve tabakları doldurdu, beni masaya oturttu. Diğer üç kişinin gelmesini beklememiz gerektiğini düşündüğüm için yemeğe başlamadım. Ama kızın tombul elleri, çoktan işe koyulmuştu bile. Beğenmedim sanmasın diye ben de ona eşlik ettim.

Kız birkaç dakîkaya kalmadan önündekileri bitirdi ve usulca yanındaki sandalyeye geçti. Geçmesi bir hayli zor oldu çünkü yaşının taşıyamayacağı vücûdunu hareket ettirmekte zorlanacak kadar tombuldu. Bebeklerinde hâlâ bir yangının alevlerini yaşatan gözleri gözlerimle kesiştiğinde de bir şey söylemedi. Zâten göz göze gelmek de istemiyordu. Sizi yüzündeki yanık izine bakmak zorunda bırakmaktan imtinâ ediyor gibiydi. Ben de üstüne gitmedim, bu garip seremoni bitene dek az önce o mel'un yangının alevlerine değen mâvi gözlerimi iğde şerbetinin üzerinde yüzdürüp serinlettim. Kız da zâten oradakileri de yedikten sonra bir yanına daha kaydı. Bu biraz soğumuş, diye mırıldandı. Yine de o sandalyede oturacak kişi için koyulmuş yemekleri de yedi. Babam zâten soğuk sever, dedi.

Şerbet tutan o tombul eller ve kimseler görmesin diye hep gölgede saklanan o yanık yüz, kendisiyle aynı masaya oturmaya katlanamayan anne ve babası için sofraya koyduğu tüm yemekleri sırasıyla yemişti. Gerçekten de şöyle bakınca orada birkaç dakîka önce birileri oturmuş gibi duruyordu. Manzara sanki anne ve babanın sofraya geldikleri, kapı çaldığı ya da Akkız doğum yaptığı için erken kalkmak zorunda kaldıkları hissiyâtını veriyordu.

DEĞİRMENCİ

Değirmenci

O zamanlar kin doluydum. Bize böyle olmamız öğretilmişti. Kalbimizin nefreti bir an olsun soğusun istemezlerdi. Geri çekilirken bile düşmana daha fazla nasıl zarar verebilirim, diye düşünüyordum. Hiçbir şeyimizi toplamaya, çantalara koymaya, arabalara yüklemeye vaktimiz yoktu. Her şeyi olduğu gibi bırakıp gidecektik. Atlarımızı da. Hani günde bir öğün yemek çıksa yarısını ellerimizle ağızlarına verdiğimiz atlarımızı... Boyunlarına yüzümüzü gömüp ağladığımız atlarımızı... Kendi saçımızı taramayı unutsak da kaşağılamayı asla unutmadığımız gür yeleli atlarımızı... Ayaklarımız irinden ve yaralarımıza yapışan kurtçuklardan görünmezken ayaklarına en parlak nalları çakmayı ihmal etmediğimiz atlarımızı... Şaha kalktığında başka bir dünyâda bıraktığımız gençliğimizi, erkekliğimizi hatırlatan atlarımızı...

Yapacak bir şey yoktu ancak böyle yaparsak kurtulabilirdik. Geride silâhlarımız, çadırlarımız, tıbbî malzemelerimiz, kıyâfetlerimiz ve atlarımız kalmıştı. Onları bize karşı kullanmalarına izin veremezdim. O yüzden sâdece benim ekipmanlarımın içinde bulunan sarı bayrağı çıkarıp karargâhımızın ortasına diktim. Bu, "Burada sarı hummâ hastalığı var," demekti. Yâni, bizden sonra oraya gelenler hiçbir şeyi kullanmaya cesâret edemeyecek, karargâhı yakmak zorunda kalacaklardı. Atlarımızı bile. Savaş böyle bir şeydi.

Söylediğine kendi de güldü. Onların ellerine geçecek diye karargâhtaki her şeyi ateşe verdiren adam şu an onların kadınlarından biriyle yaşıyordu. Eşyâlarımıza dokunmalarına izin veremem, demişti ama onların kadınına dokunuyordu. Hayat... Ayaklarını yere sımsıkı bastığını düşünsen de bir gün sonra kendini nerede bulacağını bilemiyordun.

Burada anlatmayı bıraktı. Sert adımlarıyla değirmenin unlu merdivenlerini çıkıp çatısına vardı, birkaç yıl önce sarı bayrağı karargâhın ortasına diken o el şimdi de beyaz bayrağı alıp rüzgâra saldı. "Bugün rüzgâr iyi, böyle eserse tüm kasabalının buğdayını öğütürüz," dedi. Gerçekten de rüzgâr öyle kuvvetli esiyordu ki sanki bize bir şeyler söylemeye gelmişti. Değirmenin duvarlarını dövüp, sözümüzü kesip duruyordu.

En fazla bir saatimiz vardı, biliyordum. O yüzden çocukça bir telâşla not defterimin sayfalarını şıkırdatarak ona neden burada olduğumu hatırlatmak istedim. Hikâyesini öğrenebildiğim kadar öğrenmeliydim. Yel değirmeninin başında bayrağın estiğini gören kasabalılar değirmenin çalıştığını anlayacak, çok geçmeden eşeklerine yükledikleri buğdaylarını değirmenin kapısına yığacaklardı. Eşekleri kadınlar getirecekti, çuvalları kadınlar indirecekti, unu kadınlar kaldıracaklardı. Çünkü erkeklerini savaşa göndermişler, bir daha da görmemişlerdi.

Kaçtık, dedi. Nereye gittiğimizi bilmeden, her birimiz ormanın bir tarafına doğru, koşa koşa kaçtık. En hızlı ben kaçtım. En korkak benmişim. Evime dönecektim, evime dönmeyi istiyordum. Yemin ederim öyle yapacaktım. Ama bana yıllar gibi gelen günler sonra orman bitti ve yolum bir yolla kesişti. O yolun ucu da bu kasabaya bağlandı.

Kasabanın merkezine giden yola çıktığımda gözlerime sarı ışık huzmeleri saplandı. Yolun her iki tarafı da altın başlı diri başaklarla doluydu. Cennete vardığımı düşündüm. Cennete yürüyerek gidilmiyordu, biliyordum ama savaş boyunca öyle saçma şeyler görmüştüm ki bunun da gerçek olabileceğine inandım. O kadar uzun süredir cephedeydik ki dünyânın geri kalanında hayat olduğunu, olsa bile dünyânın böyle bir yere benzeyebileceğini düşünememiştim.

Gördüklerimin gerçek olduğunu anlamam birkaç dakîka sürdü. Sonra daha korkunç bir şeyin farkına vardım. Karıncaların sırtlarındaki aşa gözümüzü dikerdik. Hayvanların dışkısından çıkan sindirilmemiş tâneleri ayıklar, yıkar, hayvanlara geri yedirirdik. Tarlaları köstebek gibi kazar, seneye çıksın diye toprağa gömülmüş tohumları çıkarır, ağzımıza atardık. Kıtlık var sanırdık, meğer yokmuş.

Bu tarlaların yola bakan sınırlarında kadınlar oturuyordu. Emânetlerimize bakmaktan ve umut etmekten bir de ekini kaldırmaya, hasat etmeye gücü yetmeyen genç ve çocuklu kadınlar... Kasaba onlara kalmıştı, onlar da bir başlarına. Kadınlar yola dizilmiş neyi bekliyorlardı, bilmiyorum. Ben olmadığım kesin.

Beni görünce korktular. Ben düşman askeri olduğum için korktuklarını sandım. Ama kim silâhı olmayan bir düşman askerinden korkardı ki, tabii delirmemişse. İşte ben delirmiştim. Savaştan delirmiştim. Ateşe verilen atların kafamın içinde yankılanan çığlıklarından delirmiştim. Elli beş derece sıcakta saçlarımdan yükselen yanık kokusundan delirmiştim. Gözlerimin yeşili taşıp toprağa karıştığı ve artık göremez olduğumdan delirmiştim.

Korktular korkmasına ama su, yemek ve kalacak yer verdiler. İkram ettikleri yemeklerin hepsini yemek istedim. Benim köyümde önüne konulan yemeği bitiremeyen erkeğe kız vermezlerdi, bu hasta derlerdi, kızımıza bakamaz derlerdi. Gerçi buradan kız almaya niyetim yoktu ama onlara hâlâ sağlıklı olduğumu göstermek istiyordum. Bir de yaşayacağımdan ümitlerini keserler de nasılsa ölecek diye yemek vermeyi bırakırlar diye korkuyordum. Uğraşsam da hiçbirini bitiremedim. İki kaşık yesem üç kaşık kustum.

Altı gün bir âilenin ahırında uyuyup uyandım. Beş gün sonra kendime geldim. Toprak bana gözlerimin yeşilini geri vermişti. Yola çıkmam, anneme, babama, karıma ve çocuklarıma gitmem gerekiyordu. Niyetim ilk günkü gibi tâzeydi. Muhtemelen onlar da yollara dizilmiş, bizleri bekliyorlardı. Bunu beni evinde ağırlayan kadına söyledim, o da bana azık hazırladı, yolu târif etti. Herkesle vedâlaştım ama daha bahçe kapısından çıkamadan gitmekten vazgeçtim. Kimse de bana neden gitmediğimi sormadı. Savaş insanları en olmaz denilen senaryoların hepsine hazırlamıştı.

Ertesi gün o evin adamıymış gibi ekinlerini toplamaya, çocuklarının başlarını okşamaya, sofralarına oturmaya ve arka duvarı aşıp patikayı kucaklayan ceviz ağacının dibine işemeye başladım. Aylardır çalışmayan yel değirmenini elden geçirdim, civârın çalışan tek değirmeninin değirmencisi oldum. Gelenlerden para almadım. Hem zâten parayla ne alacaktım? Yıllarca bu altın, gümüş, tunç mangırlar için birbirimizi öldürmüştük ama cephenin arkasında artık bu mâdenlerin hiçbir anlamı kalmamıştı. Her işimizi değiş tokuş ederek görüyorduk.

Bana öğütmem için getirilen buğdayların bir kısmını hep bir sonraki seneye tohum olsun diye ayırdım. Herkesin buğdayını birbiriyle karıştırdım, güzel bir genetik havuz elde ettim. İyi tohumları kendine saklayanların buğdayını öğütmedim, eşeğe yükleyip kıçına bir tekme vurup geri gönderdim. Çiftçi değildim ama bildiğim bir şey vardı. Senin tohumun ne kadar kaliteli olursa olsun, çevredeki tarlaların tohumu kalitesizse seninkini de bozardı. Çünkü senin tohumun rüzgârın, etrâfındaki tarlalardan getirdiği döllerle döllenecekti.

O yüzden gerçekten kaliteli bir hasat istiyorsan kaliteli olduğunu düşündüğün tohumlarını diğer çiftçilerle paylaşmalıydın.

Ben kasabanın iyiliğine kafa yordum, evinde kaldığım kadın da benimle gururlandı. Ben de benimle gururlanması ile gururlandım. Bu gurur beni zamanla oralı, onlardan biri yaptı. Meselâ, evin küçük çocuğunun karahindibâların bir bulut gibi açacağı zamânı beklerkenki heyecanını sâdece ben anladım.

Karahindibâ tarlasının tam ortasına onun için sazlardan bir çadır kurdum. Karahindibâlar açana kadar onunla birlikte o saz çadırın içinde günlerce gözümü kırpmadan tarlayı seyrettim. İlk önce sarı sarı çiçekler açtılar. Bu hâlleriyle dünyânın en çirkin çiçeklerine, âdeta gerçek memleketimdeki gerçek çocuğuma okuduğum Frankenstein'in saçlarına benziyorlardı. Sonra hepimizi utandırırcasına birbirimizin yüzüne üflediğimiz o muhteşem şeylere dönüştüler ve herkes deliliğimin geçtiğini sandı. Ama ben buna hiç inanmadım. Kim yaptıklarımdan ve bu çocuğun babasını benim öldürmüş olma ihtimâlîmi biliyor olmamdan sonra buna inanırdı ki?

BİLEĞİNE MÂVİ KUMAŞ DOLALI KADIN

Bileğine Mâvi Kumaş Dolalı Kadın

Çıplak toprağa ama ayakaltından uzak bir kenara oturmuş yaptıkları hazırlıkları izliyordum. Sâdece izlemiyor, "Şuraya bir kilim seremezler miydi?" diye de söyleniyordum. Bacaklarımı nereye koyacağımı bilemiyor, toprağa değdirdiğim yerlerin yandığını hissediyordum. Altıma yayacak bir şeyler aradım ama bulamadım. Sanki toprakla aralarındaki bağı koparacak her şeyi hayâtlarından çıkarmışlardı. Ne bir şilte ne bir yatak ne bir yastık... Açıklıktan birkaç avuç ot yolup baldırlarımın altına yerleştirdim de azıcık rahatladım.

Yaşlılıktan çok yavaş hareket ediyorlar, çantalarındaki minik cam kavanozları tekrar tekrar kontrol ediyorlar ve keten mendillere sardıkları o beyaz haplara gözlerinde şimdiye dek hiç görmediğim bir isyan besliyorlardı. Haplara baktıkça göğüslerinden bir nefret alevleniyor, güneşi bile gölgede bırakıyordu. İşte ben, bundan birkaç gün önce bu beyaz hapları unuttukları bir anda, onlara eşlik edip edemeyeceğimi sormuştum. Cevâp vermemişlerdi. Ben de cevâpsızlıklarını evet demelerine yormuştum.

Hava giderek daha da bunaltıcı bir sıcaklığa ulaşıyordu. Bana sormazlardı ama sorsalardı yola akşam çıkmayı teklif ederdim. Ancak onların kaybedecek vakitleri yok gibiydi. Acelecilikleri alınlarındaki yaşlılık kırışıklarına dolan terden, gezerken topladıkları bitkileri birbirlerine pay etme telâşlarından, nefes nefese bildikleri bilgileri yanındakilere teyit ettirme çabalarından belli oluyordu. Anlaşılan o ki bir saate çoktan yola çıkacaktık. Ben bileğinde mâvi kumaş dolalı kadınla kuzeye doğru gidecektim. Kendisinin bundan daha haberi yoktu ama yola çıktığında olacaktı. Gelme, demezdi sonuçta. Belki de derdi. Onu o zaman düşünürdüm.

Yaş ortalaması altmış sekiz olan bu grup gerçekten de bir saate dört bir yöne dağıldı. Herkes birbirine son defa görüyormuş gibi sarıldı, şimdiye dek ne öğrendilerse yazıp sakladıkları defterlerin yerlerini ezberletti, saçlarındaki renkli boncukları armağan etti. Ben bileğinde mâvi kumaş dolalı kadının peşine düştüm. Yıllardır onunla köy köy geziyormuşum gibi bu yaptığımı hiç garipsemedi. Ben sizin hikâyenizi yazacağım, dedim. Hıh, dedi. Omuz silkti. Alnındaki birkaç damla ter ayaklarımızı kavuran, ağaçsız, çölden farksız arâziye düştü.

Yola çıkalı ne kadar oldu, bilmiyordum ama benim ne dilimde konuşacak ne ayaklarımda yürüyecek ne de elimde gördüklerimi not alacak dermânım kalmıştı. "Duramaz mıyız?" dedim. Eliyle etrâfı gösterdi. "Sence nerede durabiliriz?" diyordu. Tek bir gölgelik yer yoktu. En yakın yerleşim yerine varana kadar böyle devâm edeceğimizi anladım. Anlamak beni daha da yordu. Ufukta hiçbir şey gözükmüyordu. Ya da ben artık göremez olmuştum. Sarı kum, gözlerimi kemiriyordu.

Kendimizden başka bir insan görmemiz sekiz saatimizi aldı. Sekiz saat boyunca, hiçbir şey yemeden yürümüştük ve ben, beni buralara kadar getiren yazgıya sövüp durmuştum. Köye girerken bileğinde mâvi kumaş dolalı, teninin rengi tunca çalan seher yüzlü yaşlı yol arkadaşıma yaslandım. O, bana geldik der gibi baktı, bir eliyle beyaz hapları koyduğu keten mendili kontrol etti. İnsanlar mahcup, başları eğik, gölgeli yüzlerle bizi karşıladılar. Kimse kafasını yerden kaldırmıyordu. Nihâyet birisi beni fark etti de gelip koluma girdi. Şifâcının yanında taşıdığı bir hasta sanılmıştım. Bu yanlış anlaşılmaya itiraz etmedim, beni götürüp yatırmalarına müsâade ettim. Yiyecek bir şeyler verip dinlenmem için yanımdan ayrıldılar. Ben de dinlendim. Tam üç saat! Uyandığımda hâlâ vücûdumdan buhar yükseliyordu. Yolculuğun sıcağını atamamıştım.

Şifâcıyı kaçırdım korkusuyla palas pandıras yerimden kalktım, çadırları gezerek onu aramaya başladım. Mâvi kumaş dolalı bileğini kalabalık bir çadırın içinde, bir hastanın yüzünün üzerinde gezinirken gördüm. Yatakta yatan adam köyün en genç sâkiniydi. Elli iki yaşındaydı. Şifâcı, çantasından limon otu kavanozunu çıkardı, eline bir tutam döktü, hastanın başındaki su dolu kâsenin içinde ezdi. İşâret parmağıyla kâsenin içini sıyırdı ve lapalı parmağını hiç çekinmeden hasta adamın ağzına tıktı. Mâvi kumaşın içine sakladığı bir tüpten de kanna esansını çıkarıp ocakta fokurdayan bir bardağa üç dört damla damlattı. Etrâfı kaplayan aromalı kokuyu aldıktan birkaç sâniye sonra hepimizi çadırdan çıkardı, kapısını örttü.

Sonraki hasta yakındaki bir başka çadırdaydı. Şifâcı kapısına gelince durdu. Yatan kadına göz ucuyla baktı, geçmişte yaşanan şeyleri unutmaya çalıştığını belli eden derin bir nefes alarak içeriye girdi. Yataktaki kadının cilt hastalığı tâ çadıra girmeden belli oluyordu. Derisi zımpara kâğıdına dönmüş, pul pul yattığı yere dökülmüştü. Bir rüzgâr esse yok olacak sanırdınız. Şifâcı; bal, nohut unu ve tarçını karıştırıp krem hâline getirip hastanın vücûduna sürdü. Yine ocağın üzerinde kaynayan suya akdiken ve mercanköşk çiçeği attı. Ama bu sefer demleyip hastaya içirdi.

Şifâcı çadırdan çıkınca hepimizi köyün ortasındaki ateşin etrâfında topladılar. Ateşe en uzakta duran kişi bendim. Yeni yeni serinlemiştim, yanına gitmeye hiç niyetim yoktu. Şifâcı çantasından çıkardığı mâvi anemon çiçeklerini herkese dağıttı. Gençleştirir, dedi. Hem sizi hem köyünüzü... Ben hiçbir şey anlamadım ama diğerleri anlamış olacaklar ki gözlerinden yaşlar yuvarlandı. Gizlemek için uğraşmadılar. Maraba olduğu her hâllerinden belli bu insanların aralarında, hayâlet gibi dolanan bir karabasan vardı.

Şifâcı kendi gözlerindeki yaşı da sildikten sonra yola çıkmak için toparlanmaya yeltendi. Köylü bırakmadı. "Eskiden de böyle değil miydi? Şifâcı köy köy gezer, iyileştirdiği hastaların köylerinde kalır, ikram edilenleri yer ve hastaların sıhhatinden emin olunca da yeni hastalara şifâ olmak için başka bir yöne giderdi," dediler. "Eskiden," dedi şifâcı. "Çok eskiden."

Böyle dedi demesine ama yine de köylüyü dinledi, o geceyi orada geçirmeye karar verdi. Yarın sabah erkenden bugünküne benzer başka bir yolculuğa daha çıkacaktık. Ama biraz daha ağırlaşarak...

Sabah şifâcı dün tedâvi ettiği hastalara baktı, yakınlarına tembihlerde bulundu ve biraz ilâç bıraktı. Dün akşam ateşin yandığı meydanda gitmeden önce toplandık. Şifâcı köylülere kendi kendilerini iyileştirebilmeleri için unuttukları yöntemleri yeniden hatırlattı. Sonra da herkesten çadırlarındaki o beyaz hapları getirip elindeki mendile bırakmalarını istedi. Bir anda her köşede beyaz haplar parladı, o haplar çok geçmeden şifâcının mendilinin içine saklandı. Şifâcı köylülerden o hapların dışında hiçbir şey almadı. Hayâtını sürdürmek için paraya ihtiyacı yoktu. Zâten yaşayacak çok yılı da kalmamıştı.

Diğer köye varmamız dününkünden de uzun sürdü. Çünkü şifâcı her gördüğü yeşillikte durup otları karıştırdı, topladı ve birbirinden farklı kavanozlara koydu. Gün batımına yakın nihâyet bir yere vardık. Şifâcının ayaklarına can geldi, dudaklarının kenarı titredi, elleri terlemeye başladı. Buranın farklı olduğunu anladım ama neden farklı olduğunu anlamadım. Yine bizi, bir ayıbı gizler gibi gözlerini kaçıran, omuzları çökmüş, göğüsleri büzülmüş ve en genci kırk dokuz yaşında maraba bir grup karşıladı. Hepsinin yüzü herkesin bildiği ama benim bilmediğim bir yenilginin izini taşıyor gibiydi. Bir kişininki hâriç. Bu adam şifâcıdan birkaç yaş küçük olmalıydı. Şifâcı ilk olarak ona gitti, mesâfeli merhabalaşmaları bir kenara bırakıp adama sımsıkı sarıldı. "Kardeşim," dedi.

Bu köy şifâcının doğduğu köydü. Kardeşi de kardeşiydi işte. Tahmin ettiğim gibi ondan birkaç yaş küçüktü. Zamânında şifâcı, evin ilk çocuğu olarak dünyâya gelmişti. Annesi doğumundan dört yıl sonra köylerine gelen bir şifâcıya kızını vermiş, şifâcıyla birlikte kızını da uğurlamıştı. Ne arkasından gözyaşı dökmüş ne yanına bohça koymuştu. Şifâcılar böyle yetiştirilirdi. Her üç yılda bir, nisan ayında doğan kız çocukları şifâcı olmak için dört yaşına bastıktan sonra köyü ziyâret eden ilk şifâcıya emânet edilirdi.

O dört yaşındaki kız çocuğu, aynı benim onun yanında dolaştığım gibi şifâcıyla berâber köy köy dolaşmış, bir daha da evine dönmemişti. Büyüdükten sonra şifâcı olarak uğramıştı tabii. Ama bu sefer son uğrayışının üzerinden tam yirmi yıl geçmişti. Zâten bu yirmi yılda sâdece kendi köyüne değil, hiçbir yere gitmemiş, şifâcı arkadaşlarıyla birlikte herkesten ırak bir yerde hayâtta kalmaya çalışmışlardı. Gezmedikleri için de yeni şifâcılar yetiştirememişlerdi.

Şifâcının neşesi yüzünden okunuyordu. Kardeşiyle ayrılmıyorlar, teneffüs aralarında birbirini görmüş ilkokul çocukları gibi kikirdeyip duruyorlardı. Dün olduğu gibi bugün de sırayla hastalara baktı bileğinde mâvi kumaş dolalı kadın. Vücutlarını ovdu, çaylar demledi, sularına esans kattı, merhem hazırladı. Köylüler de bize kalacak yer ayarladı, ikramlarda bulundu. Giderken şifâcı beyaz hapları topladı, mâvi anemon çiçeklerini dağıttı. Yanına yine haplardan başka hiçbir şey almadan yola koyuldu. Ben de tabii.

Çok yürümemiştik ki gövdesi büküm büküm olmuş bir ağaçla işâretli tepe bir yere geldik. Şifâcı burayı, tavşan kokusu almış tilki gibi kazmaya başladı. Yarım metre kazması için saatler geçmesi gerekmişti. Yarım metreden sonra çukurun içinde metal kutular göründü. Şifâcının rahatladığı belli oluyordu, zâten bir santim daha kazacak dermanı kalmamıştı. Bu yaşına ve sıcağa rağmen yine iyi dayanmıştı. Çantasından çıkardığı beyaz hapları, aynı çukurun içindekilere benzeyen metal bir kutuya yerleştirip çukura koydu. Koymadan önce içine bir kâğıt bıraktı. Ardından çukuru yine aynı zahmetle az önce güç belâ yana yığdığı toprakla kapattı. Sonra oracığa oturuverdi. Benim iki saattir oturup onu izlediğim yerin hemen ilerisine.

"Haplar," dedi. "Bizi kısırlaştırıyor."

Yirmi yıl önce beyaz adam hastalıklarımızı tedâvi etmek için köylerimize geldi, bize bu beyaz haplardan bırakıp gitti. Şifâcılara karşı da köylüleri doldurdu. Çünkü biz, köy köy gezmeye devâm etseydik beyaz haplarına gerek kalmazdı. Bizi köylerden sürdüler. Hapları üzüm yedirir gibi insanlarımıza yedirdiler. Haplar, hastalıklarımızı iyileştirmedi. Bunu köylüler çok sonra fark ettiler. Çocukları olmamaya başlayınca. Sâdece kardeşim karşı çıktı. Onun gücü de kimseye yetmedi.

Bizi tam yirmi yıl sonra, şifâcılar köylüler tarafından öldürüldükten sonra, açlıktan düşüp bayılarak çöl kurtlarına yem olduktan sonra, yaşlanıp yürüyemez hâle geldikten sonra, ellerimizdeki târifler gasp edilip yakıldıktan sonra, reçetelerin yarısını unuttuktan sonra saklandığımız yerden geri çağırdılar. Yeniden köy köy gezmeye başladık. Ama bu sefer köyden ellerimiz boş ayrılmıyorduk. Beyaz hapları toplaya toplaya gidiyorduk. Onları sâdece şifâcıların bildiği noktalara, içlerinde neler olup bittiğini anlatan mektuplarla birlikte, olur da birileri bir gün bulur, ders alası gelir diye metal kutuların içine gömmeye karar verdik. Başka hiçbir canlıya zarar vermeyecek, toprağı kirletmeyecek şekilde gücümüzün yettiği kadar derinlere...

Yaptığıyla gurur duyduğu belliydi ama yüzünde umuttan eser yoktu. Son şifâcılardı. Belki de halkının son insanları...

ERGUVAN DÖNEMECİ

Erguvan Dönemeci[1]

Tek bir âdeme rastlamadan geçtiğim üçüncü kentti. Arabamın benzin deposu boşalmak üzereydi ama içinde yaşam barındıran bir yere bir türlü denk düşemiyordum. Felâket senaryolu bir gerilim filminin setinde gibiydim. Kimseyi göremesem de yaşayan ya da bir zamanlar burada yaşamış birileriyle iletişim hâlinde olduğumu sezebiliyordum. Dikkatlice bakarsanız kentin bâzı noktalarına bırakılmış kodlar görüyordunuz. Ağaç gövdelerine, kaldırım taşlarına, çitlere, sokak aralarındaki başıboş saksılara, tren istasyonlarına, terk edilmiş vagonlara, banklara... Alenî değil, böyle belli belirsiz. Yalnızca bir şey arayanların ya da hikâye toplayıcılarının göreceği türden. Ne anlama geldikleri hakkında hiçbir fikrim yoktu tabii ama bir mesaj taşıdıklarına emindim. Belki de zihnim kendini rahatlatmak için böyle şeyler uyduruyordu, bilmiyorum. Ben birincisine inanmayı seçtim.

1 Bu öykünün ismi Edip Cansever'e âit bir anıya atıftır.

Mevsim birkaç saate pılını pırtısını toplayıp gidecek gibi dursa da hava dondurucuydu. Öyle üşümüştüm ki Lamartine gibi bir romantikle karşılaşsam arkamdan, "Kışı üzerine giyinip de gelmiş," derdi. Slavların sıcak denizlere inme tutkusunu anlamaya başlamıştım. Burada soğuk, her şeyi yutuyordu. Gülümsemeleri, kucaklaşmaları, eğlenceyi, aylaklığı... Akdeniz insanının o âvâreliğini burada bulamazdınız. Sokağa çıkıyorsanız mutlaka geçerli ve önemli bir sebebiniz olmalıydı. Canınız istedi diye çıkmazdınız. Zâten canınız da istemezdi. Her ne yapıyorsanız o, dört duvar arasında, korunaklı ve güvenli bir yerde kalmalıydı. Belki bu yüzden Slav ırkları hepimizden daha ağzı sıkı insanlardı. Soğuk, dışarıda birçok cepheden yamacınıza yaklaşan bir kurt sürüsü gibi en zayıf anınızı kolluyordu.

Devlet dâiresine benzer bir binânın önünde durdum, "Belki içeride birileri vardır," dedim. Yokmuş. Kapıyı bile zor açtım gerçi. O da sağ olsun, burada yaşamış insanların kalplerinden yükselen iniltiyi koridora koyverir gibi gıcırdayarak açıldı. Her yer ağzına kadar kitap doluydu. Dillerini bilsem buraya yerleşebilirdim bile ancak sâdece üzerlerinde yazan sayılardan bir şeyler çıkarabiliyordum. Arka kapaklarındaki fiyat bilgilerinde kullanılan para biriminin çoktan tedâvülden kalktığını fark ettim. Bu kent sandığımdan daha da eskiydi.

Tozlu bir sandalyeye kendimi sakınmadan oturdum. Memurlar öğle paydosuna çıkmış da birazdan döneceklermiş gibi bekledim. Gelmediler. Gelmediklerine şaşırmadım ama yine de beklemiştim işte. Hepimiz ömrümüz boyunca birçok şeyi böyle beklemedik mi zâten?

Kitapların her birinde farklı isimler yazıyordu. Herkes evindeki kitabı getirip şu koridora bırakmış gibiydi. Burada her ne yaşandıysa kütüphânecilerin işleri yoluna koymaya vakti bile olmamıştı. Sırtımda bir ürperti hissettim, bir yel omurgamı yalayıp geçti. Edip Cansever'in dediği gibi, "Yere dökülen bir un sessizliği" vardı etrafta. Eh, mâcerâya gerek yoktu, hepi topu öyküler biriktiren bir öğretmendim. Arabaya atlayıp devâm etmeliydim, artık ne kadar devâm edebileceksem o kadar. Bir yaban gelinciği gibi titreyerek kendimi binâdan dışarı attım. Ağaçlar dallarıyla göğü kırbaçlarken ben bir insan görürüm umuduyla yeniden yola çıkmıştım bile.

Yarım saat sonra omzumun pazumu sıkmaktan tutulduğunu hissettim. O an aklıma kütüphâneden çıkmadan evvel koltuk arama sıkıştırdığım deri ciltli kitap geldi. Hâlâ oradaydı. Biri çekip alacakmış gibi sımsıkı tutuyordum. Gevşettim kolumu, ipekli bir mendili katlar gibi nârince yan koltuğa koydum kitabı. Sanki niye aldıysam? Buralara kadar geldiğimin bir şâhidi olsun istemiş olmalıyım.

Biraz sonra tavşan ve sıçan yuvalarını, keçilerin açtığı patikaları, çimenleri, ağaçları, türlü türlü böceği ezen asfalt bir yolun ortasında zank diye durdum. Kelebek görmüştüm. Geldiğim yerlerde kelebek falı bakılırdı. Kelebek hangi renkteyse işâret ettiği anlamlar da farklıydı. Zâten kışın ortasında bir kelebek gördüysem bunun mutlaka bir mânâsı olmalıydı. Fala inanmazdım ama insan tek başınayken neye inanacağını bilemiyordu. Gözlüğüme dadanan buğuyu temizledim, ileri derecede miyobuma rağmen gözlerimi kısarak kelebeğin rengini görmeye çalıştım. Keşke durmasaydım, dedim. Hem kelebek falı mı kalmıştı? Ben kahve falı bile bakmazdım ki! Fala bel bağlamazdım. Bağlasam kelebeğin siyah renginin ölümü işâret ettiğini kabul etmiş olurdum.

Nihâyet uzaklarda bir yerde, artık birilerini bulmaktan umudumu kestiğim bir zamanda yüzünde dere yatağından hâllice çatlaklar olan birisini fark ettim. Yaşlıydı. O ne kadar yaşlıysa yanındaki çocuk o kadar gençti. Görseniz onu bir insan değil de menekşeler büyütmüş sanırdınız. Erguvana çalan yanakları vardı. Onlara, bir dönemecin eşiğinde rastlamıştım. Bu dönemece erguvan dönemeci adını verdim.

İkisinde de bir hâl vardı. Hani kutup bölgesine gidince pusulanız şaşmaya, ibresi deli gibi sağa sola dönmeye başlar ya bana da aynısı oldu. Yanlarına mı gitsem, geri mi dönsem bilemedim. Öteden beriden dolandım, en sonunda yamaçlarına vardım, dertlerimi sıraladım, aklımdaki soruları kucaklarına döktüm.

Erguvan yanaklı çocuk, benzin bulup getirene dek yaşlı adam bana neler olup bittiğini anlattı. Sesi güneş gibi sıcacıktı. Ondan, yolum düşmeseydi de duymasaydım dediğim şeyler duydum. Ama duymamam onların olmadığı ya da bir daha olmayacağı anlamına gelmiyordu. Hikâye hikâyeydi sonuçta. Ben de bir koleksiyoncu. Üstelik topladıklarım arasında iyilerin sayısı kötülerin yarısı kadar bile yoktu.

O ıslak mâvi gözleriyle anlattı, ben de dinledim. Başlıksız bir şiir gibi pat diye konuya girdi. Bâzı kısımlarda göz bebekleri bin parçaya bölünüp dizlerimin üzerine yağdı. Bu dönemeçte günlerdir beni beklemişler ve benzinimin tam da bu dönemeçte bitmesi gerekiyormuş gibiydi.

"Halk olmadan devlet olmaz," dedi. Buradaki rejim, halkını yok ederek kendini de yok etmişti. Oysa avcının elleri aynı avının ellerine benziyordu. Saçları aynı saçlardı. Nefesi aynı nefesti. Ancak olan olmuş, av da avcı da yitip gitmişti. Adam tüm bunları kerâhat vakti yattığı bir uykudan uyanmışçasına anlatıyordu. Sayıklıyor sanıyordunuz ama sayıklamıyordu.

On yıl evvel hükümet tam anlamadığı, üzerine düşünüp taşınmadığı bir ideolojinin peşine takılıp insanların elindeki tüm yiyeceği, yiyecek saklamış olma ihtimâlîne karşılık hiçbir şey pişiremesinler diye de tüm kap kacağı, fırını, ocağı ve çaydanlığı bir bir toplamış. Mutfakta bir çimdik tuz, bir çorbalık kaşık bile bırakmamış. Topladığı eşyâlar arasında demirden, teflondan, çelikten ne varsa meydanda büyük bir ateş yakıp orada erittirmiş, onlardan da koca koca kazanlar yaptırmış.

Köylünün elinden tarlada yetişen ekinini, ahırdaki hayvanını, kümeste tüneyen tavuğunu ve hatta tavuğun altındaki yumurtayı da almış. "Siz gerisini düşünmeyin, biz size bu topladıklarımızla her gün üç öğün yemek vereceğiz," demiş. Vermiş de. İşte o koca koca kazanlarda yüzlerce kişilik yemekler pişmiş. Kentin farklı bölgelerinde aşevleri kurulmuş, devlet gerçekten de halka günde üç öğün yemek yapıp dağıtmış.

Sonra herkesi bir örnek giydirmişler. Rengârenk elbiseleri meydanlardaki derin leğenlerde ayaklarıyla tepe tepe griye boyamışlar. "Aynı giyinirseniz birinizin diğerinden üstün olmadığını daha iyi anlarsınız," demişler. Köyün dev bir hapishâneden ya da çalışma kampından bir farkı kalmamış. Estetik, neşe, sanat kaybolup gitmiş. İnsanlar bahar gelmese, çiçekler açmasa, yağmur yağıp gökkuşağı çıkmasa az kalsın renkleri bile unutuyorlarmış.

Bununla da bitmemiş, yeni yöneticiler "Evde yemediğiniz gibi evde okumayın," da demiş. Kâğıt, kalem, kitap ne varsa kütüphâneye getirmelerini istemiş. Hani sağ koltuğumda duran kitabı aldığım kütüphâneye... İnsanlar evde aş pişirmez, hayvan bakamaz, çalışamaz ve çalışmak istemez olmuş. Hazıra dağ dayanmamış, devlet her şeye yetişememiş, düzeni sürdürememiş. Yağmurların bile eski tadı kalmamış. Baharlar, ekinleri doğurmaz olmuş.

Kısa bir süre sonra halk, kıtlıkla savaş vermeye başlamış. Kimin kazanacağı belliymiş ama yine de savaşmışlar. Ambarlarda fâreler için bile bir şey kalmamış. İnsanlar dilenmek için kâfileler oluşturmuş ev ev, köy köy gezmişler. Herkes öyle değişmiş ki kemiklerini sâdece derileri bir arada tutuyormuş. Babalar oğullarını, genç kızlar âşık olduğu adamları tanıyamamış. İnsan çiçek kokar, orman kokar, toprak kokar, deniz kokar ya onlar kıtlık kokmaya başlamış. İşte bu insanlar arkalarından gelen diğer kâfileye nerede su, ekmek, bereket, iyi niyet varsa işâret bırakmış. Ağaç gövdelerine, kaldırım taşlarına, çitlere, sokak aralarındaki başıboş saksılara, tren istasyonlarına, terk edilmiş vagonlara, banklara... Bâzıları buraya gelin, bâzıları buraya uğramayın demekmiş.

Kıtlık halka yepyeni bir dil îcat ettirmiş. Ettirmiş ettirmesine ama geriye olanları anlatacak bir avuç insan kalmış. Biri karşımda oturan yüzünde dere yatağından hâllice çatlaklar olan adam, biri de nereden bulup getirdiğini anlamadığım benzini taşıyan erguvan yanaklı çocuk. Çocuğa arabamdaki şekerlemelerini çıkarıp vermek istedim ama yaşlı adam durdurdu. "Daha önce hiç şeker yemedi," dedi. "Onun tadını alırsa açlığa dayanması çok zor olur."

ISSIZLAR EVİ

Issızlar Evi

Eski bir şiirinin kaybettiği dizesini arayan hülyâlı bir şâir gibi etrâfı süzüp terimi silerken elime tutuşturulan saman süpürge ile irkildim. Arkamdaki şehlâ gözlü kadın sağ omzumdan iterek beni, hemen yanımdaki düzlüğe sürdü. "Süpür," dedi. Süpür. Anlamadım tabii. Ama dediğini yapmamaya da cesâret edemedim. Yüzünde yağmur öncesi bulutlarının karanlığı vardı, nasıl yapmazdım. Belli ki bu kadın tek sebebi büyümek olan bulaşıcı hastalıklardan birine yakalanmıştı. Asık suratlılık. Mezarında akrabâlarının ölmesini bekleyen mevtâdan farksızdı.

Yanımdaki insanlara bakarak bâzıları belime kadar gelen büyüklü küçüklü dikenleri evlerden ırak yerlere süpürdüm. Daha doğrusu süpürdük. Çünkü bunu yapmayan tek kişi bile yoktu. Sâdece çocuklar ve hayvanlar evlerde kalmıştı. Damlarından ötleğenler havalanan, eşiklerinde gelin alırken su testileri kırılan evlerde.

Yaşlısından gencine herkes, elindeki saman süpürgeyle alnı susuzluktan kırış kırış olmuş ovayı süpürüp duruyordu. Kötüsü, dikenlerin biteceği yoktu. Biz süpürüyorduk süpürmesine ama rüzgârın kavurucu nefesi hepsini gerisin geri getiriyordu. Uzaktan bakan biri, bizi diken çobanı zannederdi. Nasıl bir sığırtmaç, sığırları önüne katıp götürürse, biz de dikenleri...

Biraz uzakta dikenleri üst üste yığıp ateşe veren, sıcağında da darı kavuran bir kadın vardı. Tüm güzellikler bu kadını çağırıyor, o da sanki salınmıyor da bir bahar denizinde yüzüyordu. Yüzünde bayram sabahına uyanmış küçük bir çocuğun neşesi vardı. Onun kavurduğu darıyı birkaç kişi avuçlayıp getiriyor, ceplerimize döküyor, biz de bir yandan süpürüp bir yandan darı kavurması yiyorduk. Burada köylüye dağıtılacak yemekleri eşlerine en çok kim sevdâlanmışsa o yapıyordu. Çünkü âşık insanın elinin bereketine inanıyorlardı. O ellerin yaptığı pilav daha beyaz, pişirdiği ekmek daha kabarık, kurduğu turşu daha uzun ömürlü oluyordu. Hatta ekin mevsiminde ilk tohumları onlar toprağa atıyordu.

Yılın bu mevsimi belli ki hep böyle geçiyordu. Kimse şikâyetlenmiyor, her zaman bu aylarda yapması gereken bir şeyi yapıyor gibi davranıyordu. Daha kaç gün bu böyle sürecek, dedim. Allah bilir, dediler. Soracağım çok şey vardı ama aklımdakileri sese dökülmeden boğazlayıverdim. Bu insanlar topraklarının getirdiği, götürdüğü, verdiği, vermediği ne varsa râzıydılar. Burası onlarındı, topraklarına saygı duyuyorlardı, nereden geldiklerini nereye döneceklerini biliyorlardı.

Mütevâzıydılar, kendi hâllerinde bu çölde oyalanıp duruyorlardı. Kravatlı jön birinden selâm almasa akşam rahat uyuyamayacaklardan değillerdi. Oysa böyle topraklarda insanlar genelde Tanrı'ya değil, isyana inanırlardı. Çünkü burada karşınızda gördükleriniz hiç de insanı şımartan türden değildi. Kimseye içinizden bir gün doğumu ısmarlamak gelmezdi meselâ.

Az ileride ağzına dikenler batmış, ayaklarını dikenler sarmış bir eşek görünce neden dikenleri olabildiğince uzağa süpürmeye çalıştığımızı anladım. Bu eşek için çok geçti ama ahırdakiler için değildi. Her yanından zehirli oklar gibi iğneler fışkıran bu dikenlerin evlerin avlusuna, pencerelerin önüne, ayakkabıların içine, beşiklerin dibine kadar geldiğini düşünmek bile insana acı veriyordu.

"Buralar biraz temizlensin," dedi bir amca. Alnında güneşi yiyince şişip sönen mâvi renkli bir damar vardı. "Temizlensin de sen o zaman şenliği bir gör!" Issızlar evi için gelmiştim, şenlik için değil ama ikisini bir görüp öyle giderdim. Bir hikâye toplayıcısı için zamandan bol ne vardı?

Şenlik birkaç güne başlayacaktı. Bu; evlilik törenlerinin olduğu, çeyizlerin düzüldüğü, yola düşmek isteyenlerin kalanlara sağlıcak dilediği, duâların Allah'a ısmarlandığı bir kutlamaydı. Herkes bir araya toplanacak, gelin olacakların bohçaları aralıklarla yere serilecek, gelip geçenler çeyizlerine kadife ya da sedef düğmeler, yüz elli yıllık ekmek mayaları, sirke anaları, gümüş işlemeli mendiller, ardıç sabunu, bakır sahan bırakacaktı.

Seyyahlığa sevdâlanmışlar ya da bu diyardan göçüp gitmek isteyenler kendilerine; peşlerine takılacağı, kuvvetli rüzgârla dünyânın dört bir yanına savrulacak kadar güçlü dikenler seçecekti. Sonra da o dikenin ardına düşecek, nereye giderse onu tâkip edecekti. Dikenin gittiği yönü ilahî bir mesaj olarak bileceklerdi.

Kızlar hâlâ etrâfta dolanan diken kümeleri varsa onlara çaputlar bağlayıp notlar yazacaktı. Akdeniz'de mektupları cam şişelere koyup denize atardınız, buradaysa dikenlere asardınız. Coğrafya farklıydı ama insan aynı insandı. O dikenlerdeki notları biri buluyor muydu, buluyorsa ne yapıyordu, buraları hayâl ediyor muydu? Bilmiyorum. Kimsenin bilmek istediğini de sanmıyorum. Bâzı şeylerin tüm neşesi, âkıbetinin sır olmasında saklıydı.

Evli evine, yollu yoluna gitmeden hemen önce de hediyeleşme merâsimi başlayacaktı. Herkes birbirine sarılacak, şeker ikram edecek, koku uzatacaktı. Uzattı da. Her şey burada anlattığım gibi oldu. Hatta ıssızlar evindekiler de hediyelerine kavuştu. İnsanlar gruplar hâlinde gidip uzun ve kalın duvarların arkasında yaşayan insanlara paket paket hediyeler attılar. İçeriden teşekkür sesleri geldi ve tören bitti. Herkes evine geçti, ben hâriç. Çünkü duvarın dibine oturmuştum. Zâten gidecek bir evim de yoktu.

Ben oturunca sesinde turnaların kanat çırptığı görevli gelip duvar dibine oturmamam gerektiği konusunda beni uyardı. "Ne istiyorsunuz," diye sormayı da ihmal etmedi. "Bahçeli bir ev, her sabah tâze çiçek, yoldan geçene elini öptürüp hayır duâ eden bir anne," desem ne diyecekti? Bir şey diyemezdi elbette. Ben de demedim zâten. Daha on beşinde yoktu, bıyıkları bile terlememişti. Kapıya nöbetçi olarak ancak bu kadar büyük çocukları koyduklarını biliyordum. Çünkü daha yaşlıların yapacak bir sürü işi vardı. Sözünü dinleyeyim diye sert görünmeye çalışıyordu ama bir şey söylesem de çukuruna kaçsa diye tetikte bekleyen güzel gamzeleri vardı. Gözlerinden gökte gezinen sarı, turuncu, beyaz bulutları görebiliyordum.

Kapıdaki nöbetçiler içeri kimseyi almamak, birisini aldılarsa da bir daha dışarı çıkarmamak için oradalardı. İçeri girmeyecektim ama bunu istemiyor da değildim. Ancak içeri girmek için ya ıssızlar evine kendini adamış ya da hasta olmam gerekiyordu. Bense kendini adayamayacak kadar gezgin ruhlu, hasta olamayacak kadar dinçtim.

Issızlar evi yüz yetmiş yıldır buradaydı. Kuruluşu tâ cüzzamın, vebânın, veremin, sıtmanın, kuduzun olduğu dönemlere dayanıyordu. O zamanlar hastalanan kişileri başkasına da hastalık bulaştırmasınlar diye bu eve kapatırlarmış. Bu hastalardan ölümün bile korktuğunu inanırlarmış. Hatta bu konuyu o kadar çok kafalarına takmışlar ki inşâ ederken evi, rüzgârın esiş yönüne göre inşâ etmişler. Böylece yılın hiçbir vaktinde rüzgâr evin sınırları içinden geçip de köye gelmiyor. Çünkü burada yaşayanlar hastalıklı bir insana değen rüzgârın da hastalık taşıdığına inanıyor.

Binâ inşâ edildikten sonra etrâfına da upuzun duvarlar dikmişler ve hastalardan başlarının çâresine bakmalarını istemişler. Ne mi olmuş? Bakamamışlar tabii. Hastalar aç, susuz, ilâçsız kalmışlar ve acı içinde ölmeye başlamışlar. Azıcık gücü olanlar evden çıkıp önüne gelene büyük bir hınçla saldırmış. İşte bu yüzden o günden beri kapısında elinde silâh olan bir nöbetçi duruyor.

Nöbetçiler, doktorun ıssızlar evine gönderdiği herkesi içeri almaya mecbur. İçeride ne yaptıklarını tam olarak kimse bilmiyor çünkü girenlerin çıkmasına da izin vermiyorlar. Hastalar hastalıklarına göre ayrılmadıkları için içeriye cüzzamlı biri giriyorsa hepsi cüzzam olabiliyor. Bu yüz yetmiş yıllık acımasız hikâye zamanla yakın topraklara da yayılıyor. Birçok şehirden doktor, öğretmen, hemşire, müzisyen, aşçı, din adamı ıssızlar evine gönüllü olarak girmek için köye geliyor. Bu bölgede, yaratıcıyla arasını düzeltmek isteyen kim varsa yolu ıssızlar evine çıkıyor. İçeri girip oradakilere yardım ediyorlar. Tabii önceki hayâtlarına bir daha geri dönemiyorlar.

Issızlar evinin kuralları yüz yetmiş yıl önce neyse şimdi de öyle. Tek fark, içeridekilerin artık çok da hasta olmadığı... Hatta dışarıdakilerden daha sağlıklı oldukları bile söyleniyor. Kendi kendilerine bir komün oluşturmuşlar, yüz yetmiş yıl ince onlara tahsis edilen genişçe bir bahçede ve üç katlı bir evde yaşayıp gidiyorlar. Bir şeye ihtiyaçları varsa nöbetçiye söylüyor, bahçe duvarının üzerinden kendilerine atılmasını istiyorlar.

İçeridekiler yıllar yıllar önce o eve cüzzamdan, veremden, kuduzdan, vebâdan, sıtmadan girenlerin torunları... Aralarına hâlâ ölümcül ve bulaşıcı hastalıklara yakalananlar katılıp duruyor. Issızlar evi hasta almaya devâm ediyor. Çünkü köylüler hastalarla bir arada yaşamayı asla kabul etmiyor. Ve burada aklını kaybetmenin de bulaşıcı olduğunu düşünülüyor. O yüzden içeride psikolojik tedâvi görmesi gereken bir sürü kişi olduğuna da eminim. Ama cevâbını bulamadığım bir şey var: İçeridekiler mi noksan, biz dışarıdakiler mi? Yoksa biz mi içerideyiz, onlar mı dışarıda?

Issızlar evinde yaşayanlar da bize içeriye dâir pek bir şey söylemiyor. Onlar da dışarıdakileri böyle cezâlandırıyor. Kendilerine dâir tüm bilgileri sır gibi saklıyorlar. Kaç kişi oldukları, bir şeyler üretip üretmedikleri, şafak vaktini izleyip izleyemedikleri, saksıda çiçeklerinin olup olmadığı, ölülerini nereye gömdükleri, nasıl bir dil konuştukları, hangi dine inandıkları, kedileri sevip sevmedikleri, ne yiyip içtikleri, tüm bahçeyi ve ıssızlar evini yukarıdan da göremeyeceğimiz şekilde orman gibi kaplayan o ağaçları nasıl yetiştirdikleri... Hepsi muammâ. İşte herkes kendi hikâyesinin çâresine bakıyor.

TAŞA DOKUNSA ÇİÇEKLER AÇTIRIR

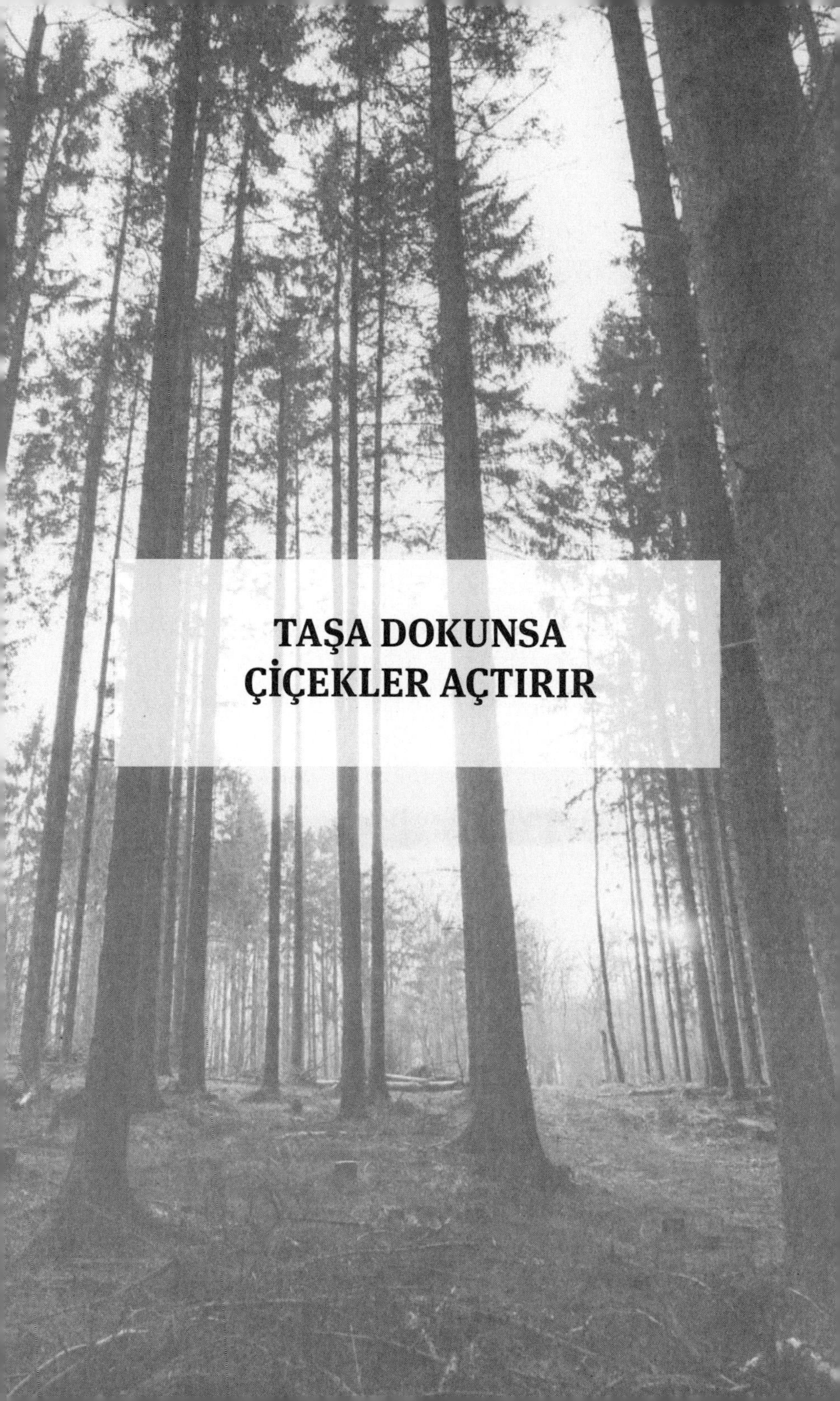

Taşa Dokunsa Çiçekler Açtırır

Garın hemen yanındaki kızıl bir kayanın üzerine saçını ağulu bir bitki olan baldıran otuyla örmüş falcı bir kadın oturmuştu. Ona siyah saten tüyleriyle yaşlı bir kuzgun eşlik ediyordu. İkisinin de kaçamak bakışlarla beni süzdüğünü fark ettim. Kaç metre ötede de olsam falcı kadının gıcırdayan dişlerinin sesini duyabiliyor, kuzgunun az önce mîdesine indirdiği lekesi hâlâ kayanın üzerinde duran fâre leşinin kokusunu alabiliyordum. İkisinden biri bana musallat olmadan refâkatçimin gelmesini diledim.

Birkaç dakîkaya yanıma, emin adımlarıyla ve denizi andıran ıslak bakışlarıyla altmış iki yaşında bir adam yaklaştı. Buraya gelmeden hemen önce gözlerinde kasvetli bir bora kopmuş, sevdiği birine ona uygun bir tabut seçmek zorunda kalmış gibi duruyordu. Dinç, kalbine güvenen, bir şey arar gibi ısrarla ufka bakan, ufukta kimsenin görmediği bir ayrıntıyı yakalamışcasına kaşları çatık ve düşünceli, kalın derili, yüz hatları keskin, elleri nasırlı, omuzları geniş kör bir adamdı bu. Benim ona etmem gerekirken o bana rehberlik ediyordu. Önümden gidiyor, ne tarafa döneceğimize karar vermek için anlamadığım bir şeyleri kokluyor, ben de onu arkasından kedi adımlarıyla tâkip ediyordum. Yanından biri geçerken gülümsüyor ama gülümsediğini kimse görmüyordu. O değil de, biz körmüşüz gibi hissediyordum.

"Kendime alışmam uzun zaman aldı, dedi. Çünkü nasıl göründüğünü bilmediğin bir vücûda alışamazsın. Hele de insanlara çevirdiğin yüzünün neye benzediğini, yaşlandığında neye dönüştüğünü, yara izlerinin kapanıp kapanmadığını bilmiyorsan..."

Haklıydı. Bu adamın altmış iki yıllık ömründe hiç rüyâ görüp görmediğini düşündüm. Ve görüyorsa nasıl gördüğünü... Dışarıdaki dünyâyı kafalarının içinde nasıl hayâl ettiklerini hiçbir zaman anlayamayacaktık. Kendilerine nasıl alıştıklarını da.

Ben mi? Ben bir vakfın araştırmasına katılmak için gönüllü olmuş, iki hafta içinde de kendimi burada bulmuştum. Ekonomik krizler, küresel sağlık sorunları, eğitim sistemimizin Z kuşağının ihtiyaçlarını karşılayamaması ve maruz kaldığı yozlaşmayı giderememesi bizi bambaşka ülkelerin hiç de âşina olmadığımız okullarını araştırmaya itmişti. Gönüllü eğitimciler olarak dört bir yana yayılmıştık. Birkaç aya notlarımızla geri dönecek, düzenlenecek çalıştayda gittiğimiz yerlerin sunumunu yapacaktık. Hepimiz öyle zannediyorduk. Ancak hiç de öyle olmadı. Gidenlerin çoğu geri dönmeyecek, dönmeyi de istemeyecekti. O yüzden zamânı geldiğinde çalıştay iptal edilecek, herkes bildiğini okumaya devâm edecek, hiçbir şey değişmeyecekti.

Rehberim beni hiçbir açıklama yapmadan yaklaşık bir buçuk saat yürüttükten sonra nihâyet küçük bir ovaya kurulmuş uzaktan daha çok çiftlik gibi görünen büyükçe okullarına getirdi. Bizi kapıda tâ gözlerimin içine bakan neşeli çocuklar karşıladı. Hepsinin üstü başı özenli, saçları taralı, elleri ve yüzleri tertemizdi. Birbirlerini göremediklerini düşünürsek aslında bakımlı olma ihtiyacı bile hissetmeyebilirlerdi. O an birkaç gün evden çıkmadığım zamanlardaki pejmürde hâlimi hatırlayıp utandım. Belli ki buradaki titizlik, kendilerine duydukları saygıdandı. Üstelik her hareketleri öyle oranlıydı ki kimse benden burasının bir körler okulu olduğuna inanmamı bekleyemezdi. Doğrusu benden bir şey bekleyen veya ne düşündüğümü umursayan da yok gibiydi.

Bir iki dakîkaya çocuklar hareketlenip yemek hazırlığına giriştiler. Bu sırada kulelerdeki gözcüler de nöbet değiştirdi. Gözcü diyorum ama göremeyen bu insanlar neleri gözlüyorlardı, bilmiyorum. Avdan dönenler geldiğimden haberdar olmasalar da yanımdan geçerken selâm veriyor, hiçbiri bana çarpmıyor, hatta çantama bile dokunmuyordu. Normalde sorun olmazdı ama şu an için dokunmamalarını ben de istemiştim. Avcıların üzeri toprak, çimen, gübre ve kireçten oluşan doğal bir karışımla sıvanmıştı, gerçekten tuhaf kokuyorlardı.

Buradaki tüm işler duyulması zor minik ıslıklar ve tıkırdatmalarla yapılıyordu. Birbirlerine bağırmıyorlar, anlaşılan gürültüden hoşlanmıyorlardı. Avdan gelenlerin ayaklarında bezden çarıklar, okuldakilerin ayaklarında ise sert tabanlı takunyalar vardı. Bez ayakkabıları anlayabiliyordum, sonuçta av sırasında hayvanların garipseyeceği bir "çıt" bile çıkarmak istemezdiniz. Ama ya takunyaların amacı? Aklımdaki sorularla, tam orada, çiftliğin ortasında, öylece durup etrâfımda akan trafiği seyretmeye başladım.

Ne kadar süre sonra bilmiyorum, yanıma mercan dudaklı, ceylân bakışlı beş yaşlarında bir çocuk geldi ve o trafiğin ortasında benimle birlikte dikilmeye başladı. İşte neden ayaklarında takunyalar olduğunu o an anladım. Birisinin yanına usulca sokulmak mahremiyeti zedeleyebilirdi. Üstelik bir de göremiyorsanız... Sanıyorum ki bu yüzden herkes okulun içinde adım attıkça ses çıkaran bu takunyaları giyiyordu. Böylece varmak istediğiniz yere sizden önce sesiniz varıyordu. Az evvel de öyle olmuştu. Kızın gelişini o gelmeden duymuştum.

Yanımdaki öyle güzel bir çocuktu ki alnı kar yağmış gibi bembeyazdı. Falcının taşına dokunsa çiçekler açtırırdı. Onunla berâber avludaki hareketliliği izledik. Ben izliyordum da onun ne yaptığı konusunda hiçbir fikrim yoktu. Ancak bize uzaktan bakan biri, yanımdaki çocuğun gözlerini sanki görüyormuşçasına sağda solda dolanan şeylere değdirdiğini rahatlıkla fark ederdi. Görmemesine rağmen o gözler, bâzen bir cismin ya da insanın üzerine yapışıyor, onları görüş alanından çıkana kadar tâkip ediyordu. Bu olanlar körler okulunun körler okulu olmadığı yönündeki şüphemi iyiden iyiye körüklüyordu.

Bir süre sonra çocuk bana bir yönü işâret etti ve yavaş adımlarla o yöne doğru yürümeye başladı. Arada durup arkasına, tam da benim olduğum yere doğru bakıyordu. Bunun beni tâkip et demek olduğunu, o benden altmış yetmiş metre uzaklaştıktan sonra fark ettim ve koşar adım kendisine yetiştim. Beni tek katlı, az pencereli bambudan yapılmış bir evin önüne getirdi. Belli ki içeriye dâvet ediyordu. Kapıyı açar açmaz burnuma kesif bir kan kokusu geldi ve daha ikinci adamımı atmadan oraya girmemeye karar verdim. İçeriye sızan ışıktan burasının bir silâh odası olduğu belliydi. Bir canlının kaburgalarından geçip tâ kalbine kadar gidebilecek sivrilikte oklar, kafatasını un ufak hâle getirebilecek ağırlıkta çekiçler, bir hamlede vücûdunu yarıya ayıracak keskinlikte baltalar... Ne kadar temizleseniz de kan kokusu gitmiyordu işte. Hayır, içeriye girmeyecektim.

Gözlerim altmış iki yaşındaki adamı aradı. Ama az sonra burada konaklamamın zâten onun fikri olduğunu öğrendim. Yine de kendisiyle konuşmak istediğimi söylesem de adam çoktan bir cenâzeye gitmişti. Cenâze dediğin nedir ki, birkaç saate biter, o da hemen gelir diye kapının eşiğinde neyi beklediğimi bilmeden beklemeye koyuldum.

Beş yaşındaki çocuk omuz silkip sen bilirsin diyerek yanımdan ayrıldı. Bu kadar çabuk iknâ olmasına şaşırmıştım. Birkaç dakîka sonra bunun umursamamazlıktan değil, benimle birlikte kapıda üç gün bekleyemeyeceğinden olduğunu anladım. Çünkü cenâze törenleri üç gün sürüyormuş. Ölü kimseyi mezara yerleştirdikten sonra üzerini kapatmıyor, üç gün boyunca mezarının başında ona, dışarıda olup bitenleri ve özellikle çocuklarının ne kadar üzgün olduğunu anlatıyorlarmış. Belki çocuklarına acır da yeniden dirilir, hayâta tutunur veya şaka yapıyorsa uyanır diye. Üç gün boyunca herhangi bir karşılık alamazlarsa mezardaki kişinin öldüğüne iknâ oluyor ve üzerini kapatıyorlarmış. Bu, burada öğreneceğim tuhaf şeylerden sâdece biriydi. Hemen defterime not aldım ve sayfaları arasına defne yaprakları yerleştirdim. Annem bozulacağından sakındığı ne varsa böyle yapardı. Ben de anılar hep tâze kalsın, ilk günkü tadını taşısın istiyordum.

Herkes yemeğe gitmişken ve etrâfta kimsecikler yokken içeriye bir göz atayım dedim. Av âletlerinin asılı olduğu duvarın altına bir yatak serilmişti, yanına da eşyâlarımı koyayım diye samandan bir raf yerleştirilmişti. Raflara en fazla iki takım sığardı. Bu, buradakilerin az eşyâyla yaşamalarını sağlamak için özellikle seçtikleri bir yöntemdi. Ancak rafların üzerinde kurumuş yaprakları bir türlü anlamadım. Üst üste dizilmiş, bir deste şeklinde ve oraya özenle konulmuşlardı. Bu kuru yapraklarla ne yapacaktım...

Üstelik gerçekten kan kokan silâhların başucunda uyuyacağımı mı sanıyorlardı? Evet, gerçekten de öyle sanıyorlarmış. Bunu avuçlarındaki yemek kâsesiyle arkamda beliren o beş yaşındaki çocuk söyledi. Buraya gelen tüm misâfirler bu odada ağırlanırmış. Çünkü okuldaki silâhların hepsi bu odadaymış ve ava gitmiyorsanız kimsenin omzunda, çantasında, yatağında asla herhangi bir silâh olmazmış. Misâfiri burada yatırırlarmış ki misâfir kendini güvende hissetsin.

– Kendimi bu kadar silâhın arasında nasıl güvende hissedebilirim?

– Peki ya karanlıktan başka bir şeyi bilmeyen biz, hiç tanımadığımız bir misâfire tüm silâhlarımızı emânet ettikten sonra kendimizi nasıl emin hissedebiliriz?

O anda geceleri burada tek başıma yatacak olmamın aslında kendimi güvende hissetmem için olduğunu anladım. Başka bir blokta yatsaydım ve biraz ötede içi silâh dolu bir oda olduğunu bilseydim bu çok daha huzursuz edici olacaktı. Aslında ben değil, onlar tehlikedeydi. Daha öne bunu akıl edemememin mahcûbiyetiyle bir şey demeden çocuğun elindeki kâseyi aldım ve ne getirdiyse yemeye başladım. Benim sağlam iki gözle yapamayacağım kadar lezizdi.

Çorbamı kaşıklarken mercan dudaklı çocuk yavaşça kuru yapraklardan birkaçını okşadı. "İstediğin yere koyabilirsin," dedi. "Meselâ, yatağın çevresine ya da kapının girişine... Böylece gece birisi tarafından rahatsız edilecek olursan kuru yaprakların nerelerde olduğunu bilmeyen bu yabancılar onların üzerine basacak ve sen odada biri olduğunu anlayacaksın. Biz bunu duş alırken yaparız."

Şaşırmıştım. Her şeyi bu kadar detaylıca düşünmeleri okulun ne kadar köklü olduğunu gösteriyordu. Bunu zâten tek katlı, az pencereli, bambudan yapılmış bu eve gelirken önünden geçtiğimiz duvardan da anlamıştım. Duvarda okulun kuralları yazılıydı ama elbette bizim bildiğimiz şekilde değil. Duvar üzerine bâzı görseller oyulmuştu. Bu görseller mahremiyeti, sessizliği, paylaşmayı, çalışmayı simgeliyordu. Okula yeni katılanlar ya da kuralları hatırlamasına ihtiyaç duyulanlar, büyük öğrenciler tarafından bu duvara getiriliyor ve girinti çıkıntılara dokunarak kuralları yeniden ve yeniden hissediyorlardı.

Çok geçmedi, altmış iki yaşındaki adam kapıda göründü. Şu gözlere baksanız Karadeniz'in o dalgalı denizi kalkmış da beş çayına gelmiş sanırdınız. Anlaşılan defnedilen kişinin başında, çocuklarının onu ne kadar özlediğini anlatmayı bir başkasına devretmişti.

– Bunca silâhla ne yapıyorsunuz?

– Ava çıkıyoruz.

– Burada beş yaşında çocuklar var.

– Daha küçükler de var.

– Göremeyen ve küçük yaşta çocukların yaşadığı bir yerde nasıl böyle tehlikeli şeyleri tutabilirsiniz? Burası onlar için çok tehlikeli.

– Hayır, burası asıl bu av âletleri olduğu için onlar için tehlikeli değil.

– Dediğinizden hiçbir şeyi anlamıyorum.

– Göremiyor olsaydın anlardın.

Gözünde kayan yıldızları ya da mehtaplı bir gecede çıkan yakamozları andıran bir ışık yanıp söndü. O bir sâniye boyunca alnımdaki çiçek izini, terleyen ellerimdeki yaşlılık lekelerini, iki kaşımın ortasında derin çizgiyi görmüş gibiydi. Gördüyse de hiçbir şey belli etmedi.

– Küçükken, belki tam olarak bile konuşamıyorken, babam beni ava çıkarmaya başladı. Bunu, avlanmanın bana kazandıracaklarını bilerek yapmadı. Evde bakılacak çok çocuk vardı ve babam her gün birimizi seçip yanında götürürdü. Annem biraz nefes alsın, evde yemek yiyecek bir boğaz olsun azalsın diye. Genellikle beni seçerdi çünkü evde gören bir çocuk olması, görmeyen bir çocuk olmasından her zaman daha iyiydi.

Yaşamak için avlanmak zorundaydık. Biz de avlanıyorduk. Ancak her neyin peşine düştüysen onu sâdece görerek bulamazsın. Dinlemen ve koklaman da gerekir. Çıtırtıları, kanat çırpışları, havadaki hareketliliği, hayvanların ortalığa bıraktığı artık ve dışkıları... Bir süre sonra öyle iyi dinlemeye ve koklamaya başlarsın ki gözlerin başvurmak isteyeceğin üçüncü organ olur. Bu, hele de körsen hayâtın boyunca kazanacağın en önemli yetidir. O yüzden bu okulu kurdum ve buraya gelen her çocuğa önce avlanmayı öğrettim. Dışarıdan çok yardım aldığımız söylenemez, et ihtiyacımızı bu şekilde karşılıyoruz. Keyif için değil, yaşamak için yapıyoruz bunu.

Göremeyen biri için kendini ve arkadaşlarını koruma, yaşayabilmek için bir şeyler yakalayabilme becerisi onu özgür kılar. Gözlerin olmadan görmeye başlarsın. Hatta gözleri olandan daha iyi görmeye başlarsın. Kokuları, adımları, yönleri, sesleri ezberlersin. Başkalarının dikkat etmediği ayrıntıları okursun.

Ne yaptığına akıl erdiremediğin o gözcüler var ya... Onlar havayı koklar, çıkan yangını, gelen yağmuru kenttekilere haber verir. Meselâ, buraya sis çöktü mü bir hafta kalkmaz. Sisin içinde nasıl göreceklerini diğerlerine yine biz öğretiriz. Otacılar hep bu okuldan çıkar. Görmeyiz ama en güzel kokulu ve en sağlıklı karışımları biz hazırlarız. Birçok kişiye ayan olmayan işâretler bize görünür. Yâni, görmek bir üstünlük değildir. Ya da sizi bizden daha bilge kılmaz.

KÂĞIDIN ÇİLESİ

Kâğıdın Çilesi

Az sonra ağırlığından beklenmeyecek kadar nâzik ve sessizce açılan, üzerinde Müslüman bir zanâatkârın elinden çıktığını belli eden el oymaları taşıyan, belki de parçası olduğu koca yapıdan on kat daha değerli şu kapıdan geçerek gireceğim evde, bu akşam hiçbir yerde göremeyeceğiniz bir eğlence vardı. Siz de dâvet edilseydiniz eve adım atar atmaz hemen sol tarafınızda eğlence için nâzır bekleyen piyanisti ve kemanîyi görecek, bahçedeki terk edilmiş kuş yuvasına tünemiş ve tüm gece karanlığı yırtarcasına öten o baykuşu duyacak, duyar duymaz da annenizin baykuşun uğursuzluk getirdiğine dâir anlattığı bâtıl hikâyeleri aklınızdan atmaya çalışacaktınız. Ama siz burada yoktunuz ve ben, biraz sonra olacakları anlamak için tek başıma uğraşmak zorunda kalacaktım.

Kapıda orta yaşlı, güzel giyimli, teni şeffaf denecek kadar beyaz bir kadın tarafından karşılandım. Önüme geçerek beni yürümekten daha çok hayâlet gibi süzülmeye benzeyen adımlarla eğlencenin olduğu salona doğru götürdü. Herkes normal bir eğlenceye göre fazlasıyla abartılı giyinmişti. Sanki gerçek bir evde, gerçek insanların arasında, gerçek bir eğlencede değildik de bir tiyatro sahnesindeydik. Birilerini bu akşam, bu evde eğlence olduğuna iknâ etmeye çalışıyor gibiydik.

Konukların çoğu gelmesine rağmen hâlâ mutfakta hummâlı bir hazırlık vardı. Oysa salondaki masa, üzerine bir çatal daha koyulamayacak kadar doluydu. Dahası isrâfa girecekti ama ev sâhibi değildim, misâfir olarak da nerede duracağımı biliyordum. Bu cümleyi az önce koridorda asılı yılan derilerini gördüğümde de kurmuştum. Bunlar yılanların deri değiştirirken arkalarında bıraktıkları o saydam kalıntılardı. Bâzı topluluklar tarafından şifâlı olduklarına inanılırdı. Buradakiler ne için kullanıyordu, muhtemelen hiçbir zaman öğrenemeyecektim. Merâkımı gidermeye çalışmadım çünkü dedim ya misâfir olarak nerede duracağımı biliyordum.

İçeridekilere yardım etmek için salondan ayrılıp mutfağa doğru seğirttim. Siyah parlak saçları uzun kirpiklerine değen genç bir adam köpüklü bir karışımı ahşap bir kaba süzüyordu. Bir avuç bulut gibi duran o karışımın altında zeytinyağına benzeyen bir sıvı birikmişti. Sormadım ama sorar gibi bakmış olmalıyım ki siyah parlak saçları uzun kirpiklerine değen genç adam, “Ördek yumurtası akı,” dedi.

– Sarıları nerede?

– Salondaki masanın ortasındaki pastanın ikinci katında ya da kruvasanların içinde falan.

– Peki bu masadaki hangi yiyecek için?

– Bu masadaki herhangi bir yiyecek için değil. Hem olmasını da istemezdin zâten. İçinde şap var. Karışım da bir gündür dışarıda bekliyor.

Hiçbir şey anlamadığım belli olmasın diye başka şeylerle ilgilenir gibi yapmaya başladım. Herkes o kadar hızlı hareket ediyordu ki mutfak normalden çok daha sıcaktı. Bir peçete bulup alnımda biriken teri sildim ve çöp aradım. Çöp için içinde şu beyaz köpüklü karışıma kırılan onlarca ördek yumurtasının olduğu bir kovayı seçtim. Yumurtalar tâzeymiş, dedim. Kabukları ince ve berraktı.

Tam bu sırada burnuma yoğun bir çay kokusu geldi. Çay kokusunun ardından kâğıt hışırtısı duyulur duyulmaz piyano ve kemanın sesi evin içinde dolanmaya başladı. Az önce ördek yumurtası aklarını süzen siyah parlak saçları uzun kirpiklerine değen genç adam şimdi pencere kenarına oturmuş, dışarıyı izliyordu. "Gelmiyor musun," dedim. "Gelmiyorum," dedi. Gelsen iyi olurdu, demek istedim ama demedim. Onun kalsan iyi olurdu, demesini bekledim ama o da bunu demedi.

Salona gittiğimde gördüğüm şeye hazırlıksız yakalanmıştım. Birkaç dakîka önce ihtişamlı bir alafranga eğlenceye hazır olan bu salonun ortasında şimdi ıhlamur tahtasından yapılmış rahleler, üzerinde hâlâ çiçekler yüzen çiçek boyaları, mürekkepler, kâğıtlar, saksılar, toprak kümeleri, sabunlar ve akik mühreler vardı. Bunların hiçbirinin eğlenceyle uzaktan yakından alâkası yoktu. Zâten piyano ve keman sesinden ne kimseyi duyabiliyor ne de birisine ne olduğunu sorabiliyordum.

Sonra piyano ve kemanın tam da bunun için olduğunu anladım. Ve bu anlayış berâberinde birçok anlayışı da peşi sıra sürükledi.

Abartılı kıyâfetler, îtinâyla donatılmış ama kimsenin gözünün görmediği o görkemli masa, siyah parlak saçları uzun kirpiklerine değen genç adamın hazırladığı âhar ve şu an pencere kenarında oturup sokağı gözlemesi... Gerçekten de her şey bir tiyatro oyununun dekoruymuş.

Olan biteni sakalları saçlarından beyaz, elleri heyecandan değil ama yaşlılıktan titreyen, dudakları konuşmadığı zamanlarda ağzından bir sırrı kaçıracakmış gibi sımsıkı kapalı bir adam idâre ediyordu. Önce birisinden en ihtiyar kâğıtlardan birini getirmesini istedi. Dört yıllıkmış, getiren öyle dedi.

– Nesridin sen âyeti oku, Nurdun kâğıda dikte etsin.

– Onu şimdi hallediyoruz ama elimizdeki ihtiyar kâğıtlar azaldı. Bu yılı zor çıkarırlar.

– Yenisini yapıyoruz ya, bunlar da zamânı gelince onun gibi olacaklar. Önce ıslanacak, boyanacak, renk alacaklar. Âharlanıp bekleyecek, kuruyacak, pişecekler. Sonra mühreyle dövülecek, ardından da dayanabildiği kadar îtikâfa girecekler. Üzerinde âyet taşımak her kâğıda nasip olmaz. Onlar da buna yaraşmak için bu çileye râzı gelecekler.

İşte, ne yazacaksam ona göre kâğıt seçmeyi ben o gün bu evden öğrendim. Kâğıt âharlayıp mührelemeyi de. Eşyâların yaşını hesaplamayı da. Müzik evden taşıp mahalleye yayılmaya başladığında bâzılarımız el yapımı kâğıtlara çay veya çiçek boyası sürüp onları renklendiriyor, bâzılarımız daha önce renklendirilmiş ve kurumuş kâğıtlara siyah parlak saçları uzun kirpiklerine değen genç adamın hazırladığı âharı sürüyor, bâzılarımız daha önce âharlanıp kurumuş kâğıtları sabunluyor, bâzılarımız da sabunlanan kâğıtları mühreliyordu. Normalde bunların hiçbiri bir kâğıda asla yapılmaması gereken şeylerdi. Ama buradaki kâğıtlar normal kâğıtlar değildi.

Birazdan Nurdun'un yazdığı âyetler salonun zemininde gelişigüzel duran saksıların içine saklanacak, üzerine de toprak dökülüp çiçek dikilecekti. Sonra da o saksılar hediye olarak götürülecekti. Hani şu an bu evin etrâfını, yola bakan ışıklarını açarak aydınlatan ve siyah parlak saçları kirpiklerine değen genç adamın birisinin gelip gelmediğini anlamasını kolaylaştıran evler var ya, o evlere işte.

– Toprak, kâğıtlara zarar vermiyor mu?

– Âhar ve sabun, kâğıtlara haşaratın yaklaşmasını engeller.

– Bu eğlenceleri hangi sıklıklarla düzenliyorsunuz?

– Ayda biri geçmiyor. Sonuçta buradaki hiçbir Müslüman, evinde sürekli piyano ve keman çaldırıp eğlence düzenlemez, bunu devlet de biliyor. Gerçi ney, def, kudüm, santur, rebab varken piyano ve keman da çaldırmaz ya neyse... Piyano ve kemanın sesi hem buradaki çalışmaların sesini bastırıyor hem de sırrımızı daha iyi gizliyor.

– Yakalanırsanız çoğunuzun sağ çıkamayacağı eziyetler göreceğinizi biliyorsunuz değil mi?

– Biliyoruz.

– Sence neden Müslümanları istemiyorlar?

– Müslümanları istiyorlar ama Müslüman gibi yaşasın istemiyorlar.

– Sebebini biliyor musun?

– Zulmü anlamaya çalışmayı çok uzun süre önce bıraktım.

– Ne zaman?

– Babama dinini değiştirdiğine ve artık Allah'a inanmadığına dâir kâğıt imzalattıkları, annemi benim yerimi söylemiyor diye toplama kampında öldürdükleri zaman. Annemin de benim gibi siyah parlak saçları ve uzun kirpikleri vardı. Vardı ama kampta saçlarını kazıdıkları için cenâzesini almaya gittiğimde onu zor tanıdım.

– Korkmuyor musun?

– Korkuyorum.

– O zaman neden bu evdesin?

– Senin yurdundan binlerce kilometre uzakta bu evde bulunuş nedenlerinle aynı...

– Anlatmazsam herkes güçlüyü haklı sanır.

– Anlatmazsan herkes güçlüyü haklı sanır.

SAÇLARININ SARISI ELLERİNE BULAŞIR

Saçlarının Sarısı Ellerine Bulaşır

– Eskiden bu çiftlik şehrin en uzak köşelerinden birindeydi. O kadar uzaktı ki burada yaşadığımızdan herhangi bir âdemoğlunun haberi olduğundan bile şüpheliydim. Sonra yerleşim yerleri çiftliğe doğru kaydı, sanki şehir olduğu yerden kalktı geldi de bahçemizin kıyılarına vurdu.

– Yâni önceleri çiftlikteki herhangi biri şehirlilerden kimseyi göremezdi. Dışarı çıkıp merkeze gitmiyorsa tabii.

– Evet, zâten kimse dışarı çıkmazdı. O yüzden de şehirlilerin neye benzediğini, derilerinin renklerini, saçlarını bizim gibi tarayıp taramadıklarını, ne yiyip içtiklerini, hayvanları sevip sevmediklerini, hangi dili konuştuklarını, nasıl oyunlar oynadıklarını dahi bilmiyorduk. Ancak bu, ben on dört yaşıma geldiğimde değişti. Çiftliğin etrâfına evler yapılmaya, çitlerin ardında çocuklar dolanmaya, gökyüzünde uçurtmalar salınmaya başladı.

– Bu size çok yabancı bir dünyâydı.

– Sâdece bize değil, yanımıza yöremize taşınan kişilere de çok yabancı bir dünyâydı. Sonuçta hangi şehirlinin evi bizimki gibi bir çiftliğe komşudur ki? Daha önce böyle renkli evler, böyle neşeli çocuklar ve rüzgârla özgürleşen böyle uçurtmalar görmemiştim. Ben de uçurtmalar gibi olmak istedim. Rüzgârı arkama alıp bu çiftlikten kurtulmak...

– Ama o öyle kolay olmadı.

– Hem de hiç kolay olmadı. Bizden daha yaşlılar için çiftlik her şeydi. Zâten buradan başka bir yer görmemişlerdi. Dışarıdakilerle tek bağlantıları aynı gökyüzünü paylaşmalarıydı. Şehirliler yakınımıza taşındıklarında çitlerin arkasında güzel başka bir dünyâ olabileceği, sâdece biz çocukların aklına geldi. Hiç de korkulacak bir hayat sürmüyor gibiydiler. Bize benziyorlardı. Tek bir farkla... Onlar mutluydular.

– Çiftliktekiler aklınıza dışarıda güzel başka bir dünyânın olabileceği düşüncesinin gelmemesi için bir şey yapmadılar mı?

– Yaptılar. Önce çiftliğin etrâfına uzun gür çalılıklar diktiler. O çalılıkları da bizlere sulattılar. Bizi renkli evlerden, neşeli çocuklardan ve rüzgârda salınan uçurtmalardan kendi ellerimizle koparttırdılar. Eminim ki bunu bilerek yapmışlardır. Hiçbir hareketleri mâlâyâni değildi. İnsanı ve korkularını iyi tanıyorlardı. Çalıları diktikten sonra dışarıda geçirdiğimiz süreyi de azalttılar, hepimizi binâ içinde görevlendirdiler. Buradaki herkesin bir meziyeti vardı. Gerçekten bir işte iyiysek şehirliler posta ile sipârişlerini gönderir, biz de istedikleri şeyleri yapar, onlara yeniden postalardık. İşte bu postalarla gelen işleri de bize vermeyi kestiler. Ne şehirlilerle bir bağımız kaldı ne renkli evleriyle ne neşeli çocuklarıyla ne de özgür uçurtmalarıyla.

– Senin meziyetin neydi?

– Ben saraçtım. Hiçbir zaman üzerlerine binip de dört nala uzaklara gidemeyeceğim atlara koşum takımları hazırlardım. Deriden anlardım, derileri dikmekten de. Bu çiftlikte şehirlilerden en çok sipâriş alan kişilerden biriydim.

– Ustalaşmak için çok küçük değil miydin?

– Burada bir şeylerde ustalaşmak için yeterince vaktimiz vardı. Çalışmaktan başka bir şey yapmıyorduk zâten.

– Şehirliler sana hediye falan göndermez miydi? Ya da sen onlara not yazmayı hiç denemedin mi?

– Bâzen pastalar, plastik toplar, pastırmalar ve peynirler gönderirlerdi. Ama kapıdaki görevli dışarıdan gelen her şeyi içerisinde başka bir şey olma ihtimâlîne karşılık bıçakla parça pinçik ederdi. Gönderdikleri şeyler bize ulaştığında ne kullanılacak ne de yenecek hâlde olurdu. Kullanılacak ya da yenecek hâlde bile olsa onları gagvalar alır, kendi odalarına götürürdü. Bense şehirlilere bir şey gönderemez ya da not yazamazdım. Yaptığım koşum takımlarını bizden sorumlu gagvaya teslim ederdim, o da kim için yapıldıysa ona gönderirdi.

– Şehirliler sizi merak etmiyor muydu? Hiç gelip görmek isteyen olmadı mı?

– Biz onlara karışmazdık, onlar da bize karışmazdı. Oy kullanmaz, şehri kimin yönetip yönetmeyeceğini umursamaz, vergi vermez, doğum belgesi çıkarttırmaz, onların gittiği okullara gitmez, askere yazılmaz, savaş çıksa herhangi bir tarafı desteklemezdik. Kimseden bir şey istemez, her şeyimizi çiftlikte üretirdik. Bizi burada unutmuşlardı.

– Sizi ziyâret etmiyorlarsa onların hangi işini halledip halledemeyeceğinizi nereden biliyorlardı?

– Altı ayda bir, çiftliktekilerin ne iş yapabildiklerini ve bu işlerin ücretlerini yazan bir listeyi şehir merkezindeki bâzı noktalara bırakırdık.

– Ama dışarı çıkmıyoruz, demiştin.

– Bâzı gagvalar çıkabiliyordu.

– Çiftliğin ortasındaki şu heykel ne?

– O heykel değil, bir anıt mezar. Etrâfındaki yükseltiler de diğer küçük mezarlar.

– Neden mezarlığınızı çiftliğin ortasına yaptınız?

– Ölümü sürekli hatırlamak ve bu çiftlik uğruna verilen canları görerek minnet duymayı bir an bile olsun bırakmamak için. Haftada bir gün, cumartesi günleri, hepimiz yemeğimizi alır, mezarların etrâfına oturur, öyle yemek yerdik.

– Mezarlıkta?

– Evet. Bu, bizim ölülerimize verdiğimiz bir sözdür. Ölenleri toprağa kaşık, çatal, tabak ve biraz bakliyat ile berâber gömeriz. Defnederken onlara, her cumartesi yemeği berâber yiyeceğimize dâir söz veririz. Yoksa hiçbiri toprağa girmeyi kabul etmez. Bu yemek, onların yalnızlığını bölüşmemizi sağlar.

– Ölüler... Onlara söz vermediğiniz takdirde toprağa girmeyi kabul etmediklerini size nasıl bildiriyorlar?

– Bildirmiyorlar elbette. Gagvalar bize öyle söylüyor, biz de gerçekten öyleymiş gibi davranıyoruz.

– Çok tuhaf.

– Tuhaf değil. Dışarıdaki insanlar da böyle. Size bir şey söylüyorlar ve siz de aynı bizim gibi söylenilen şey gerçekten söylendiği gibi oluyormuşçasına davranıyorsunuz.

– Bakliyatı ölülerle gömmek yerine siz yeseniz daha iyi olmaz mıydı?

– Olurdu ama zâten bizim fazlasıyla yiyeceğimiz vardı. Yediğimizden fazlasını üretiyorduk. Bu çiftlikte olan onca şeye rağmen yaratıcının bize cömertçe davranıp hâlâ rızık vermeye devâm etmiş olmasına bu yaşımda bile şaşırıyorum. İşte bu bol miktardaki yiyeceklerimizin bir kısmını mezarlara gömerdik. Bu, fâreler dışında kimsenin işine yaramazdı. Ne zaman ki bir yakınımızı mezara koyduk, işte o zaman geceleyin toprağın atlında fıkırdayarak tahılı yiyen ve oradan oraya koşturan fâre sürülerinin sesini duyabilirdiniz. Bâzen kardeşimle birlikte yatakhâneden kaçar, kulağımızı toprağa dayar ve bu sesi dinlerdik. Fârelerin sesi bile bize baş gagvanın sesinden daha iyi gelirdi.

– Kulağınızı toprağa dayayıp fâreleri dinlediğiniz o anları özlüyor musun?

– Sâdece onu değil, birçok anıyı özlüyorum. Çiftliğe bereket getirmesi için her bahar mevsiminde bacalara, leylekler bizim binâları seçsin diye yapay yuvalar yapardık. İçine kırık yumurta kabukları da bırakırdık ki leylekler daha önce yuvada bir kuşun yaşadığını düşünsün ve orayı güvenli bulsun. Çöplere limon kabukları yerleştirdiğimiz zamanları da severdim. Çiftliği vebâdan korurlardı. Bedensel arınma aylarında kullanmak için acı çehre tohumu topladığımız günler de güzeldi. Bu ayları sevmezdim ama acı çehre tohumu toplamak, gagvaların bizi rahat bırakması demekti. Acı çehreleri bizden sakınmazlardı. Sâdece bir tohum bile karnınıza kramplar sokar, sizi ishal ederdi. Korkunç bir zulümdü bu. O yüzden hiçbirimiz acı çehre tohumlarını ağzımıza atmaz, topladıklarımızı hemen sepete koyardık. Bunun için tepemizde dikilmelerine gerek yoktu. Bile isteye kimse o tohumları yemek istemezdi. Arınma ayı geldiğinde her gün beş tohumdan on tohuma kadar çiğner, buna hâlsizlikten bayılana kadar da devâm ederdik. Özellikle çiftlik kurallarını, uymamızı istedikleri şeyleri ve alınan yeni kararları bize bu kadar çâresiz ve bitkin olduğumuz arınma aylarında söylerlerdi. Kabul etmekten başka çâremiz kalmazdı. Zâten öyle bir anda kurallar kimsenin umurunda da olmazdı. Birkaç kere öleceğimi sanmıştım.

– Peki ya her hafta yanında akşam yemeğinizi yediğiniz anıt mezarın üzerindeki deniz kabuklarını nereden buldunuz?

– Onları oraya çiftliktekiler değil, çok sonradan ben getirip koydum. Gidebileceğim tüm denizlere gittim, oralardan buğday renginde, fîrûze renginde, fes renginde, çivit mâvisi renginde, duman renginde, fildişi renginde, üzüm moru renginde, nar çiçeği renginde, nâne yeşili renginde, toprak kızılı renginde, cam göbeği renginde, çelik mâvisi renginde deniz kabukları topladım. Sonra da getirip onları daha önce hiç deniz görmemiş ve ömrü bu çiftlikte ziyan olmuş insanların mezarlarına astım. Ben bu çiftlikten çıkmadan önce görülecek bu kadar renk olduğunu bile bilmezdim.

– Ne zaman kaçmayı denedin?

– Kaçmayı dokuz kere denedim, hepsi de farklı zamanlardaydı.

– Diğer sekizinde yakalandığın için mi bu sayı dokuz?

– Hayır, hiçbirinde yakalanmadım.

– O zaman neden sekiz kere geri dönmek zorunda kaldın?

– Kardeşimle kaçacaktık. Onu defalarca yanımda götürmeye çalıştım ama olmadı.

– Sesler duyuyordu...

– Çünkü ona sesler duyacağı söylenmişti. Dedim ya, bize ne söylenirse söylensin gerçekten de öyle olduğuna ya da olacağına inanırdık. Çiftliktekileri çiftlikte tutmanın diğer bir yolu da onlara dışarıdaki hayâtın ölümcül olduğunu söylemekti. Çiftlikten uzaklaşmaya başladığımızda kafamızın içinde bir çınlama duyacağımızı ve her yeni adımda bunun giderek şiddetleneceğini, en sonunda kafamızı patlayarak bizi öldüreceğini anlatmışlardı.

– Buna hepiniz inanıyor muydunuz?

– İnanmamamız için bir sebep yoktu ki. Annemiz ve babamız bile aynı şeyi tekrarlayıp dururdu. Ve daha önce hiç kimse gerçekten böyle olup olmadığını denememişti. Deneyen varsa da öldüğünü düşünüyorduk. Ölmemişse bile bir daha çiftliğe gelmeyeceği için işin doğrusunu öğrenmemizin hiçbir yolu yoktu.

– Kaçmaktan başka...

– Kardeşimle kaçtığımız beş seferde de kardeşim o çınlamayı duydu. Gerçekten de anlattıkları gibi her adımda bu çınlama daha da güçlendi ve geldiğimiz yoldan koşar adım yine yatakhâneye döndük. Geri kalan üç seferde de tek başıma kaçtım ama kardeşimi bırakamadığım için dönmek zorunda kaldım. Her sabah onu, serçelerin yuvalarını öptüğü gibi öperdim. Burada kalamazdı, kalmamalıydı. Başka bir yerde onsuz uyanmak istemiyordum.

– Sen çınlama duymuyor muydun?

– Hayır, duymuyordum.

– Kardeşin için korkmuş olmalısın.

– Daha çok o benden korktu. Çünkü bize sâdece çiftlikte yaşayanlar için dışarısının ölümcül olduğunu söylemişlerdi. Böyle söylemek zorundalardı çünkü şehirliler yakınlarımıza taşındığından beri onların çitlerin ötesinde gayet sağlıklı bir şekilde yaşadığını görüyorduk. Kardeşim benim çınlama duymadığımı fark edince benim o çiftliktekilerden biri olmadığımı, hatta kardeşi bile olmadığımı düşünmeye başladı.

– Peki ne yaptı?

– Beni, kaçışımızı planladığım için baş gagvaya şikâyet etmeye karar verdi.

– Onu bunu yapmamasına nasıl iknâ ettin?

– Edemedim.

– Gagvaların ölüm üzerine kurulu bir yalana niye ihtiyaç duyuyordu ki?

– Biz olmasak gagvalar gagva olamazdı. Liderin lider olabilmesi için ona itâat eden bir topluluğa ihtiyaç vardır.

– Bâzı gagvalar dışarı çıkabiliyor, demiştin. Kardeşin bunu nasıl karşılıyordu?

– Onlar dışarının pisliğinden etkilenmeme, etkilenseler bile ruhsal olarak temizlenebilme yeteneklerine sâhip olduklarından birkaç saatlik de olsa dışarı çıkabiliyorlardı. Yâni kardeşim buna inanıyordu. Çünkü ona o söylenmişti.

– Evet, birçoğunun dışarıda başka eşleri ve çocukları, sefâsını sürdükleri başka hayâtları varmış.

– Böyle bir şey çiftlikteki hiç kimsenin aklının ucuna bile gelmezdi. Zâten bu anlattığını da sâdece ben öğrenebildim. Biliyorsun, çoğu öldü. Geride şaşıracak kimse kalmadı. Benden başka.

– Kardeşini iknâ edemeyince sen de bu sefer bir daha dönmemek üzere kendi başına kaçtın.

– Gagvaya söyleyeceğinden emin olduğum ve gözlerindeki o pazar yeri dağınıklığını gördüğüm gün kardeşimi ardımda bırakarak kaçtım. Saatlerce, gün doğup sırtımı ısıtana ve ayaklarım su toplayıp patlayana dek yürüdüm. Dünyânın bu kadar büyük olabileceğini hayâl bile edemezdim. Hiçbir şey yapmadan sâdece yürümek istiyordum. Gidemezsin, diyen kimse ya da yolunu kesen çitler yoktu. Çiftliğin etrâfında âvâre âvâre gezinen inekler kadar özgürdüm. İnsan hiç bir inek olmak ister mi? Çiftlikteki tüm çocuklar sesli sesli söyleyemeseler bile o ineklerden biri olarak doğmayı, kendi olarak doğmaya tercih ederdi.

– Polisler tarafından ne zaman yakalandın?

– Yorgunluktan bir çıkmaz sokağın çıkmaz ucunda, üzerimde çöpten bulduğum bir çuha örtüyle uyuyakaldığımda. Tam zamânını veremem çünkü insan özgür olduğunda daha tatlı bir uykuya dalıyormuş. Özgür insanların gördüğü rüyâlar bile farklıymış. Kaç saat sonra bir memur tarafından uyandırıldım, bilmiyorum. Çok geçmeden bana atanmış psikologla birlikte sorgu odasındaydım. Psikolog cam kenarında oturuyordu ve yüzündeki çiller güneşle birlikte parlayıp duruyordu. Yanındaki polisse bacak bacak üstüne atınca içinde hemen sigara yakma isteği uyanan insanlar vardır ya, öyle birine benziyordu. Onlara her şeyi, o çiftlikte neler olduğunu bir bir anlatacaktım. Tek şartım kardeşimi yanıma getirmeleriydi. Söz verdiler. Getireceğiz, dediler. Ben de anlatarak kendi sözümü tuttum. Önce bize giydirdikleri elbiseler başladım.

– Evet, bunun fotoğrafını gazetede görmüştüm.

– Bunlar arkalarında boydan boya minik düğmeleri olan keten elbiselerdi. Düğme deliklerini kasıtlı olarak ön tarafa dikmezlerdi ki biz bir şeyler giyip çıkaracağımızda her seferinde bir başkasından yardım alalım.

– Bu mahremiyetinize saygısızlık aslında.

– Bir mahremiyet kaygımız yoktu. Bunu hiç bilmiyorduk ve insan bilmediği şeyi de arzulayamıyordu. Mahremiyetten ziyâde bu elbiselerin amacı bizi birbirimize olan muhtaçlığımızı arttırmaktı. Basit, alelâde bir şeyde bile biz bir başkasından yardım almak zorunda kalırdık. Sonuçta kimse arkasında baştan aşağıya düğme olan bir elbiseyi tek başına giyemezdi. Hiçbir işi bireysel olarak yapmamızı istemezlerdi, bireyselleşmemiz hoşlarına gitmezdi.

– Neden?

– Çünkü tersi doğru gibi gözükse de bir topluluğu yönetmek tek bir insanı yönetmekten daha kolaydır. Topluluk içinde bir sürü gözünüz vardır ama bir kişiyi sâdece siz gözetleyebilirsiniz.

– Çiftlikte normal bir toplumda rastlanmayacak oranda engelli insan varmış.

– O zamanlar sebebini bilmiyordum ama sonradan bunun çiftlikteki herkesin birbiriyle akrabâ olmasından kaynaklandığını öğrendim. Hepimiz bir şekilde bir başkasının kuzeniydik ve bu da doğan çocuklar her zaman normal doğmuyor ya da doğmayacak demekti. Kardeşim gibi.

– O yüzden sürekli geri döndün.

– Tek nedeni bu değildi. Biz onunla dizlerimizdeki yaraları, saçlarımızdaki sarıları, düşlerimizdeki mâcerâları değişirdik. O kadar nârindi ki bir menekşe yanağında bile uyuyabilirdi. Onu orada bırakmak istemememi şimdi daha iyi anlıyorum. Kardeşim çok iyi düşünemezdi ve istismara benden daha açıktı. Çiftlikte yaşadığımız şeylerin yasayla yasaklanmış bir tâciz türü olduğunu bile ancak oradan kaçtığımda öğrendim.

– Nereden bilecektin ki! Polislerin çiftliğe gittiği günü hatırlıyor musun?

– Hatırlıyorum. Bir terör vak'asına gider gibi hazırlanmışlardı. Benden çiftliğin ayrıntılı krokisini, içeridekilerin sayısını, kullanabilecekleri silâhların ismini istediler. Ne biliyorsam söyledim. Hatta bâzılarını çizdim bile. Kardeşimin yatakhânesini, ders yapıyorlarsa diye sınıfını da özellikle işâretledim. Kardeşimin nasıl bir yüzü olduğunu onlara defalarca tekrarladım.

– Ama bunların hiçbiri onu sana getirmelerine yetmedi.

– Yetmedi. Zâten o sabah gökyüzünde bir fırtına kuşu görmüştüm. Bu hiç de iyiye işâret değildi. Polisler oraya gider gitmez birkaç dakîka içinde bütün yüzler diğer yüzlere, bütün vücutlar diğer vücutlara karıştı. Kardeşim gagvaların başlattığı, polislerinse karşılık verdiği ateşli saldırıda yıllarca istismara uğradığı çiftliği savunurken öldü. Gerçekte oranın nasıl bir yer olduğunu bilseydi, böyle bir ölüm istemezdi. Ama bilmiyordu ve o ölüm, ona kutlu bir ölüm gibi geldi. Onu son gördüğümde sanki hâlâ canlıydı. Saçlarına dokunsanız sarısı, gözlerine dokunsanız mâvisi ellerinize bulaşacak sanırdınız.

– Hikâyen çok garip değil mi?

– Hangimizin değil ki?

– Seninki kadar değil.

– Neden?

– Buradan kaçmak uğruna dört yıl harcamana, kardeşini ardında bırakmana ve dolaylı da olsa kardeşinin ölümüne sebep olmana bakıyorum da ben gelip tam da bu çiftlik arâzisinin üzerine, bu anıt mezarın karşısına, kardeşinle uyuduğunun yatakhânenin yanına bir okul açmazdım diye düşünüyorum.

– Bâzen toprak seni çağırır. Beni de çağırdı. Biliyorsun, toprağı dinlemeyi seviyorum.

UZAK KÖYÜN KEKEMESİ

Uzak Köyün Kekemesi

Birazdan okuyacaklarınız, hikâye toplamaya devâm etmeme ara verdirecek kadar elimde güç, gözümde fer, dizlerimde derman, kalbimde umut bırakmayan yorucu bir hâtıranın parçaları. O yüzden sanıyorum ki kitabın da son öyküsü olacak. Belki etrâfı amansız dağlarla çevrili, târihi sosyolojide ve tıpta çığır açacak kadar mel'un, halkı üç denizcinin zengin olma hevesi yüzünden yitip gitmiş bu köyün kekemesiyle karşılaşmasaydım size daha çok öyküler anlatırdım. Ama kader bu ya, karşılaşmam ve kitabın da burada bitmesi gerekiyormuş. Ancak seyyahlık bende lâyezaldır, elbet başka bir anıya komşu olur, belki kalkar yanınıza gelir, bir hikâye de sizden öğrenirim.

Bâzı öyküleri dinlemek zordur. Ama onu şimdi bir hayâletten farksız bu köyün sağ kalan son kişilerinden biri olan kekemeden dinlemek daha da zordur. Burada neler olduğunu öğrenmem on yedi gün sürdü. Anlatıcım biraz nâzendeydi. Onun anlatacakları bittiğinde, benim de yazacaklarım bitmişti.

Bu köy, onu çevresindeki tüm yerleşim yerlerine uzak bırakan sarp kayalıkların ve ulu dağların arasına kurulmuş. İnsanlar canı isterlerse başka yerlere de gidebiliyorlarmış ama canlarının gerçekten de gitmeyi çok istemesi gerekiyormuş. Çünkü nem yüzünden yosun tutmuş kaygan kuşkonmaz yeşili kayalıkları aşmak, binbir vahşî hayvana yuva olan yaban dağları dolanmak pek kimsenin harcı değilmiş.

Köyde, her şeyden ve herkesten ârî yaşayıp giden huzur hünerlisi bir avuç insan, zamanla toprağın bereketi, savaşların buraya gelene kadar bitip târihe karışması ve kimsenin huzurlarına göz dikmemesi sâyesinde günden güne büyüyerek koca bir devlet hâline gelmiş, sayıları giderek artmış. Evlerin üstüne ev, bahçenin yanına bahçe, mahzenin altına mahzen yapılmış. İşte her şeyi değiştiren o sûhan üç denizci de bu köye tam o sırada gelmiş.

– Mendebur denizcilerden biri değerli taş ustasıydı. Bu köyden gitmeden önce de öyleydi, döndükten sonra da öyleydi. Fırtına taşını, ateş akiğini, elmasları, kan taşını, amberi, aytaşını, çölgülünü, yâkutu, safiri, melek saçını daha önce gelip oraya saklamış gibi şıp diye bulurdu. Diğer ikisinin hiçbir şeyden anladığı yoktu. Onları hangi gemici gemisine ne olarak kabul etti, bilmiyoruz. Hadi yine biri hammaldı, ne verirsen sırtlanır taşırdı ama sonuncusu tam bir âvâreydi. Üçü daha güneş tavukları ötmeden sisli bir günün şafağında gemici olmak için buradan ayrıldı. Keşke bir daha gelmeselerdi.

– Diğer ikisi hiçbir şeye yaramazdı, diyorsun da bir gemi kaptanı için değerli taş ustası ne işe yarıyor ya da yarayacak olabilirdi ki?

– Köyden ayrılan üç adamın seyâhat etmeyi ya da çalışmayı seçtikleri gemiler sömürge gemileriydi. Sömürge gemilerindekiler kıta kıta dolaşıp insanlara silâh doğrultur, canını kurtarmak için ne isteseler verecek insanların değerli eşyâlarını alırlardı. Ama eşyâlarını vermeye râzı olmayanlar için de bir şey değişmezdi. Bu sefer eşyâlarını onları öldürdükten sonra alırlardı. Yâni, o eşyâları bir şekilde alırlardı. O yüzden bu üçü arasından bir kaptanın işine yarayacak en önemli kişi değerli taş ustasıydı.

Üç denizcinin de çıktıkları seferden dönesi pek yokmuş ama tüm dünyayı kara ölüm kasıp kavururken bir gün hastalanıp gemidekiler tarafından köpek balıklarına yem olsunlar diye okyanusa atılmak yerine, köylerine dönüp salgının geçmesini beklemek onlara daha câzip gelmiş. Dönüş yolculuklarına boyunca köylerine hastalığın ulaşıp ulaşmadığını düşünüp durmuşlar. Hastalığın bile o kaygan kayalıkları ve sarp yamaçları aşabileceğine ihtimal vermiyorlarmış ama yine de tedbiri elden bırakmamak lazımmış.

O yüzden köylerine en yakın şehre varınca kiliseye uğramışlar ve oranın yazarlığıyla ünlü din adamlarının birinden kendilerine özel kaleme alınmış kara ölümden korunma duâsını bol bol, yedekli yedekli satın almışlar. Hastalık zamanları zâten insanların bâtıl inançlara ve istismara en açık oldukları zamanlarmış. Herkes bir faydası dokunur belki, diye duydukları her şeye dört elle sarılıyormuş. İşte bu yüzden denizcilerin ceplerinde de tek bir kuruş bile kalmamış. Duâları elbiselerinin özellikle yen, dirsek ve göğüs kısımlarındaki astarın içine, üst üste dikmişler. Sonra da kendilerinden emin bir şekilde, korkusuzca köylerine doğru yollanmışlar.

– Geldiklerinde tüm paralarını duâya yatırdıkları için kendilerine çok kızdılar. Çünkü köyümüzde vebâdan eser yoktu. Hiçbirimiz vebânın ne olduğunu bile bilmiyorduk. Ama bizim de başımızda başka bir belâ vardı.

– Kıtlık.

– Keyfimiz yerinde olduğundan bu gülzar beldede nüfusumuz çok hızlı çoğalmıştı. Velût topraklardan her seferinde daha çok mahsul elde etmemiz, daha çok çocuk yapmamızı sağlamıştı. Yetmezlik korkusu olmayınca insan evinde kaç insan olduğunu pek de umursamıyordu. Bir süre sonra köyün kurulduğu çukurun nîmetleri bize yetişemez oldu. Çünkü daha çok kişi için daha çok şey üretmek zorunda kalıyorduk ve köyün sınırlarını zorlamaya, her bulduğumuz açıklığı tarla olarak kullanmaya başlamıştık. Tarla olsun diye ormanları kestik, dağ yamaçlarına tohumlar ektik. Günden güne toprak iyice yoruldu, ihtiyarladı, kısırlaştığından verimi yitti ve verdiği ürün bitti. Her yeri tarla yaptığımız için hayvanların otlaklarını da yok etmiştik, hayvanlar da dağların arkasına göçmüştü. Ne tohum atıp bir şey alabiliyor ne de göçen hayvanları geri getirebiliyorduk. Yiyecek aramaya gitmek istedik ama hiçbirimizin bunu yapacak gücü yoktu, hem yapacak güç bulsak da elimiz boş dönecekmişiz. Çünkü kime haber gönderdiysek cevap gelmemişti. Tüm dünya sessizliğe bürünmüş, sanki lâl kesilmişti. Dışarıdakilerin de vebâyla uğraştığını çok sonra öğrendik. Bu dağların arasına hapsolduğumuzu o zaman anladık.

– Kıtlıkla nasıl baş ediyordunuz?

– Edemiyorduk. Önce ormana çıkıp ne kadar hayvan varsa avladık, sonra mahalle aralarındaki kedileri ve köpekleri yemeye başladık. Atlar sâdece zenginlerin sofrasında oluyordu, en fakirlerimizse atın, güvercinin, tavuğun dışkısından darı ayıklıyordu. Ağaçlarda, çalılarda meyve ya da yaprak nâmına hiçbir şey bırakmadık. Isınmak için geriye kalan bir avuç ağacı da kestik, dağların tepeleri kelleşti. Dağların tepeleri kel kalınca köy soğuk yemeye başladı, daha da dara düştük. Hırsızlar çoğaldı, yöneticiler böyle suçlara ölüm cezâsı getirmeye başladı. Onları, hâlâ kesilmemiş üç beş ağacın dallarından aşağı sallandırdılar. Biz bir süre sonra ağaçlara asılan ölüleri yemek için bile birbirimizle dalaşır olduk. Sonra suçluların asılacağı ağaçları da kestik, artık kimse asılarak ölüm cezâsı da alamaz oldu.

Sözün doğrusu denizcilerin köye varıp gördüğü şeyler vebâ kadar yıkıcıymış. Tamam, üçünün de ipek kâğıda kırmızı renklerle yazılmış vebâ duâları varmış ama kıtlıktan korunma duâları yokmuş. Düşünüp taşınmışlar, kıtlığın vebâdan daha kötü olduğuna karar vermişler. Vebâ en azından değerli taşlara, altınlara, evlere, birbirinden güzel kumaşlara, süs eşyâlarına dokunmuyormuş. Ama kıtlık öyle miymiş? İnsanlar ne bulsa yiyor, yiyemiyorsa ellerindekileri yiyecek bir şeyler karşılığında takas etmeye çalışıyormuş. Denizciler hazır elbiselerinin astarlarında dikili vebâ duâlarının süresi de geçmemişken köye vebâ getirmeye karar vermişler, gerisin geri dönmüşler ve birkaç haftaya kalmadan ellerinde vebâ taşıyan fârelerle köye yeniden gelmişler.

Fâreler köylüleri çok hızlı bir şekilde, kimsenin görmediği bir çabuklukla öldürmeye başlamış. Ölüler şehrin surları gibi üst üste yığılıyor, kimse yakınlarını gömecek mezar bulamıyormuş. Mezar bulsa da gömmek istemiyormuş zâten. Köylülerin ölü vebâlılara dokunmaya niyeti yokmuş. Bu çocuğunuz bile olsa öyleymiş.

– Mezarcılar çâreyi ölüleri toplu olarak gömmekte buldu. Sabah uyanır uyanmaz sokakları dolaşır, insanların evlerinden sopalarla iterek kaldırımlara çıkardıkları ölüleri çöp toplar gibi toplar, sonra da onları açtıkları çukurlara fırlatırlardı. O mezarlar zamanla öyle pis koktu ki mezarcıların yarısı işlerini bitirmeden bayılıp kaldı. Gerçi bir süre sonra ortada mezarcı da kalmadı. Artık ne verirseniz verin ölünüzü gömecek bir kişi bile bulamıyordunuz. Evlerinizden kaldırıma sürdüğünüz ölüler, tüm gün kapınızın önünde öylece bekliyordu. Dışarı çıkarken onların üzerinden atlıyor, atlarken de burnunuzu kapatmak zorunda kalıyordunuz.

Toplu olarak gömülen insanların vücûdu en fazla on güne çürüyordu ve bu, köyün doktorlarını bile şaşırtmıştı. Doktorlar vebâdan sonra yaşarsak inceleriz, diye toplu mezarlardan kavanoz kavanoz numûne alıyorlardı. Kavanozlar hâlâ duruyor ama doktorlar için aynı şeyi söyleyemem. Gerçi biz yine de şanslıydık. Başka yerler vebâlıları mancınıkla kentin sınırları dışına atıyor ya da bunu düşmanlarını korkutmak için yapıyordu. Sonuçta kimse üzerine vebâlı hastaların yağdığı bir savaşı kazanamaz.

– Denizcilere bir şey olmadı mı?

– Olmadı. Gerçek hayâtın masallarla ilgisi yoktur. Bâzen kötüler herkesten sonra, son iyi kişiyi de gömüp öyle ölür.

Denizciler korunaklı, herkesi yukarıdan görebilecekleri mirsâda benzer bir yere yerleşmişler. Orada çıktıkları deniz yolculuklarından getirdikleri beyaz çayı içmişler, çorba harçlarını kaynatmışlar, Hindistan'dan aldıkları baharat karışımlarıyla yemekler yapmışlar, aylardır bitiremedikleri peksimetleri bitirmişler. Gündüzleri kimse görmeden kâfur, ada çayı, limon ve portakal yapraklarını bir çömlekte ezip vebâdan korunmak için tütsü diye yakmışlar. Tamam, duâları varmış ama nihâyetinde ek bir iki şey daha yapmaktan kimseye zarar gelmezmiş.

Yerleştikleri tepeden köylülerin acı içinde, koltuk altlarında çıkan hıyarcıklarla inleye inleye ölmesini izlemişler. Karanlık, bir örtü gibi beldeye çökünce de insanların evlerine girip vebânın dokunmadığı eşyâları yağmalamaya başlamışlar. İşlerini bitirmeden çıktıkları evlere kapılarında yoksa siyah bayrak asmışlar. Siyah bayrak, kara ölümün simgesiymiş ve kimse öyle bir eve girmek istemezmiş. Denizciler hariç.

– Köyün zenginleri vebânın olmadığı başka yerlere kaçmayı bir şekilde başardılar. Tabii geride evlerini koruyacak kimse bırakamadılar. Denizciler ânında orada bitti ve alabildikleri ne varsa alıp götürdü.

– Peki zenginler gittikleri yerden geri gelmediler mi?

– Gelmeyi düşündüler. Gelmeden önce buradakilere haber saldılar. Haberleri artık denizciler alıyor, denizciler cevaplıyordu. Geldiklerinden beri posta şebekemizi de kendi çıkarları için kullanmaya başlamışlardı. Bizim zâten kimin ne yaptığıyla ilgilenecek hâlimiz yoktu. O yüzden karşılarında durmadık. Ancak burada tâ en başa dönüp söylemem gereken bir şey var. Vebâ, dünyânın her yerinde önce fakirlere bulaşmış, önce onları öldürmüştü. Halk da o yüzden vebânın fakirlerde üreyip yayılan bir şey olduğunu düşünüyordu. Oysa bunun gerçekle alâkası yoktu. Fakirler daha sefil bir hayat sürdüklerinden vebâya daha çabuk yakalanıyorlardı sâdece o kadar. Mikrop onlarda üreyip diğer insanlara falan yayılmıyordu.

– Ama buna kimse inanmadı.

– Evet, inanmadı. Zenginler dönmek istedikleri zaman sâdece denizcilere ulaşan haberler gönderdiler ve onlardan bir fakir bulup evlerine yerleştirmelerini rica ettiler. Denizciler gitti, sağdan soldan sefil birini buldu, onu güç belâ zapt etti ve zenginlere on beş gün boyunca kirâladılar. O fakir kişi on beş gün boyunca zenginlerin boş evinde tek başına yaşıyordu. On beş gün boyunca hâlâ ölmüyorsa vebânın o evden uzaklaştığına inanılıyordu. Sonuçta vebâ kendini diğer insanlara taşıyacak uygun bir araç olmasına rağmen fakire bulaşmıyorsa gerçekten burayı terk eylemiş, ortadan yok olmuş demekti. Zenginler dönmek için evlerinde yaşayan fakirin sağlığıyla ilgili kendilerine bir haber gelmesini beklerlerdi. Bizim denizciler fakir ölmese bile hep öldü diye haber gönderirdi. Böylece zengin âile bir ay sonra vebânın evden gidip gitmediğini öğrenmek için yeniden bir fakir kirâlamak isterdi. Denizciler fakir ölmezse hem fakiri yeniden kirâlayabildiği hem de âileden yeniden iş aldığı için mutlu olurdu. O yüzden giden zenginlerin hiçbiri geri dönmedi.

– Gerçekten kısa zamanda çok zengin olmuş olmalılar.

– Yağmacılıktan ya da fakir kirâlamaktan pek bir şey kazandıklarını sanmıyorum. Yâni en azından kıptîleri kırbalaçmaktan kazandıkları kadar.

Denizciler, köylerinde yağmalanacak ev kalmayınca para kazanmak için bambaşka bir şeye başvurmuşlar. Öncesinde de söyledim ya gerçekten hastalık zamanları insanların bâtıl inançlara ve istismara en açık oldukları zamanlarmış.

-Denizciler önce tüm halkı, kıtlığa ve vebâ salgınına kıptîlerin sebep olduğuna inandırdı. Hepimize onların ellerinin kuyu sularını kirlettiğini söylediler. Nefesleri havayı bozuyor, terleri dört bir yana mikrop saçıyordu. Evleri ise bereketsizdi. O yüzden kıptîleri cezâlandırmanın Tanrı'nın gazabından kurtulmamıza vesile olacağı yalanını ortaya attılar.

Nemrut'a Nemrutluğu bıraktıran bu denizciler sonra da köyde ne kadar kıptî varsa toplamış, kaçan zenginlerden birinin evine kapatmış. Köylüler her gün gelip paraları yettiğince kıptîlere dayak attırmaya, evlerinden Tanrı'nın gazabını uzak tutmaya çalışmışlar. Denizciler verilen paranın miktarına göre kıptîleri dövüyor, çoksa neredeyse öldürüyormuş. Ölen olursa parasını veren kişi kıptînin ağzındaki dişleri söktürüyor, ölüm evlerine uğrarsa ona gösterebilmek için yanında götürüyormuş. Son kıptî ölene kadar bu böyle devam etmiş.

– Son kıptî ölüp de vebânın hâlâ bitmediğini gören köylüler denizcilere bilenmeye başladı. Ama dilenciler kâfur, ada çayı, limon ve portakal yapraklarını bir çömlekte ezip tütsü diye yaktıkları yerlerine yeniden çıktılar ve bu olay unutulana kadar da bir daha köye inmediler.

– Bir süre sonra geriye yalnız ve yalnız siz kaldınız.

– Evet, geriye sâdece biri kekeme, biri değerli taş ustası, biri hammal olan üç denizci kaldı. Tüm dünya o salgında din adamlarına ve doktorlara olan inancını kaybetti. Bizim dağlar zamanla yeniden yeşillendi, kırlara hayvanlar gelmeye başladı. Diğerleri olanları kimseye anlatmaz, benim anlatacağımı da tahmin edemezlerdi. Konuşmaya başlasam yaşanılanları ayan edene dek ecelimin geleceğini düşünüyorlardı. Eh, haksız da sayılmazlar. Baksana evin etrâfında dolanan Azrail'in ayak seslerini benim ağır işiten kulaklarım bile duyuyor. Bizde bu sese hâtif derler.

SON SÖZ

Kitabı yazmaya başladığım andan îtibâren son noktasını koyana dek birçok şey yaşadım. Bu süreçte bâzı kişilerin desteği olmasa bu kitap okuyucuyla buluşamazdı. Yorulduğumda omuz veren, umutsuzluğa kapıldığımda yanıma gelip odamın perdelerini açıp beni aydınlıkla buluşturan, "Bu hikâyeye dâir bir ipucu buldum," deyip hepimizi yollara revan eden ve surat astığımda yanımda inatla gülümseyen birçok kişi vardı. Bir de masama geçmemle kucağımda, dizlerimde ve bilgisayarımın üstünde biten üç kedi...

Öncelikli olarak eşim Recep Bilal'e, genel yayın yönetmenim ve artık abim olarak gördüğüm Melih Tuğtağ'a, dostum Pınar Solhan'a, hem yol arkadaşım hem de editörüm Derya Onar'a, hikâyelerimi okuyan ve fikrini cömertçe benimle paylaşan Özkan Öze'ye, tüm kitaplarıma inanan ve onları okurla buluşturan Mustafa Özbalak'a çok teşekkür ederim.

ÇOCUKLARIN HER BİRİ BİRBİRİNDEN FARKLI ÇİÇEKLERE BENZER. DİKKAT ETMEZSENİZ BİR ZAMAN SONRA ÇİÇEK TARHLARI YERİNE ÇİÇEK MEZARLIKLARINIZ OLUR. SİZ DE BİR MEZARLIK BEKÇİSİ...
ÇOCUKLAR VE ÇİÇEK MEZARLIKLARI
TUĞBA COŞKUNER
EĞİTİM ÜZERİNE DENEMELER
cezve kitap